A última *noite* do *mundo*

Tradução:

Francisco Nunes

A última *noite* do *mundo*

C. S. LEWIS

Edição *especial* |  THOMAS NELSON BRASIL

Título original: *The World's Last Night and Other Essays*

Copyright © 1952, 1955, 1958, 1959, 1960 by C. S. Lewis Pte Ltd. "Screwtape Proposes a Toast" Copyright © 1959 by Helen Joy Lewis. Todos os direitos reservados. Edição original por HarperCollins *Publishers*. Todos os direitos reservados. Copyright de tradução © Vida Melhor Editora S.A., 2017.

Todos os direitos desta publicação são reservados por Vida Melhor Editora, S.A. As citações bíblicas são da *Nova Versão Internacional* (NVI), da Bíblica, Inc., a menos que seja especificada outra versão da Bíblia Sagrada.

Os pontos de vista desta obra são de responsabilidade de seus autores, não refletindo necessariamente a posição da Thomas Nelson Brasil, da HarperCollins Christian Publishing ou de sua equipe editorial.

Gerente editorial	*Samuel Coto*
Editor	*André Lodos Tangerino*
Assistente editorial	*Bruna Gomes*
Copidesque	*Davi Freitas*
Revisão	*Gisele Múfalo e Clarissa Melo*
Projeto gráfico e diagramação	*Sonia Peticov*
Capa	*Rafael Brum*

CIP-BRASIL. CATALOGAÇÃO NA FONTE
SINDICATO NACIONAL DOS EDITORES DE LIVROS, RJ

L652s

Lewis, C. S. (Clive Staples), 1898-1963
    A última noite do mundo / C. S. Lewis; traduzido por Francisco Nunes. 1a ed. — Rio de Janeiro: Thomas Nelson Brasil, 2018.
    144 p. : il.; 21 cm
    Tradução de: *The World's Last Night and Other Essays*
    ISBN 978-85-7860-7593

    1. Literatura inglesa — História e crítica. 2. Ensaios ingleses. I. Nunes, Francisco. II. Título.

18-51208

CDD: 820.9
CDU: 82.09(410.1)

Thomas Nelson Brasil é uma marca licenciada à Vida Melhor Editora, S. A.

Todos os direitos reservados à Vida Melhor Editora S.A.
Rua da Quitanda, 86, sala 601A — Centro
Rio de Janeiro — RJ — CEP 20091-005
Tel.: (21) 3175-1030
www.thomasnelson.com.br

A última *noite* do *mundo*

Clive Staples Lewis (1898-1963) foi um dos gigantes intelectuais do século XX e provavelmente o escritor mais influente de seu tempo. Era professor e tutor de literatura inglesa na Universidade de Oxford até 1954, quando foi unanimemente eleito para a cadeira de Inglês Medieval e Renascentista na Universidade de Cambridge, posição que manteve até a aposentadoria. Lewis escreveu mais de 30 livros que lhe permitiram alcançar um vasto público, e suas obras continuam a atrair milhares de novos leitores a cada ano.

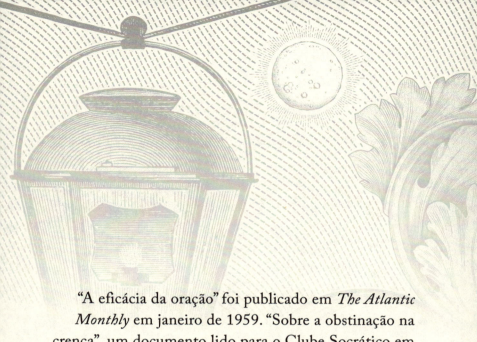

"A eficácia da oração" foi publicado em *The Atlantic Monthly* em janeiro de 1959. "Sobre a obstinação na crença", um documento lido para o Clube Socrático em Oxford, em *The Sewanee Review*, no outono de 1955. "Lírios que apodrecem", em *The Twentieth Century*, em abril de 1955. "Maldanado propõe um brinde", em *The Saturday Evening Post*, em dezembro de 1959. "Boa Obra e boas obras", em *Catholic Art Quarterly*, no Natal de 1959. "Religião e foguetes", em *Christian Herald* (como "*Will We Lose God in Outer Space?*" [Perderemos Deus no espaço sideral?]), em abril de 1958. "A última noite do mundo", em *Religion in Life* (como "*The Christian Hope — Its Meaning for Today*" [A esperança cristã: seu significado para hoje]), no inverno de 1952.

SUMÁRIO

Capítulo 1 | A eficácia da oração — 11

Capítulo 2 | Sobre a obstinação na crença — 20

Capítulo 3 | Lírios que apodrecem — 41

Capítulo 4 | Maldanado propõe um brinde — 65

Capítulo 5 | Boa Obra e boas obras — 88

Capítulo 6 | Religião e foguetes — 100

Capítulo 7 | A última noite do mundo — 112

CAPÍTULO 1

A *eficácia* da oração

Há alguns anos, levantei certa manhã com a intenção de cortar o cabelo para me preparar para uma visita a Londres, e a primeira carta que abri deixou claro que eu não precisava ir a Londres. Então, decidi deixar de lado o corte de cabelo. Mas, então, começou o mais inexplicável incomodozinho em minha mente, quase como uma voz dizendo: "Corte o cabelo mesmo assim. Vá e corte." Por fim, não aguentei mais. Eu fui. Meu barbeiro àquela época era um moço cristão, um homem com muitos problemas a quem meu irmão e eu às vezes ajudávamos. No momento em que abri a porta do salão, ele disse: "Oh, eu estava orando para que você viesse hoje." E, de fato, se eu tivesse ido um ou dois dias mais tarde, eu não teria sido útil para ele.

Isso me impressionou; ainda me impressiona. Mas é claro que não se pode provar rigorosamente uma conexão causal entre as orações do barbeiro e minha visita. Pode ser telepatia. Pode ser coincidência.

Eu estive ao lado da cama de uma mulher cujo fêmur foi comido pelo câncer e que tinha focos da doença

A última noite do mundo

proliferando em muitos outros ossos. Eram necessárias três pessoas para movê-la na cama. Os médicos deram-lhe alguns meses de vida; as enfermeiras (que muitas vezes sabem melhor) falavam em algumas semanas. Um bom homem impôs as mãos sobre ela e orou. Um ano depois, a paciente estava andando (morro acima, também, através de bosques acidentados), e o homem que tirou as últimas radiografias dizia: "Esses ossos estão sólidos como rocha. É milagroso!"

Porém, uma vez mais, não há provas rigorosas. A medicina, como todos os verdadeiros médicos admitem, não é uma ciência exata. Não precisamos invocar o sobrenatural para explicar a falsificação de suas profecias. Você não precisa, a menos que escolha, acreditar em uma conexão causal entre as orações e a recuperação.

Surge, então, a questão: "Que tipo de evidência *provaria* a eficácia da oração?" Aquilo pelo que oramos pode acontecer, mas como você pode saber que não aconteceria de um jeito ou de outro? Mesmo que a coisa seja indiscutivelmente milagrosa, não daria para concluir que o milagre ocorreu por causa de suas orações. A resposta certamente é que uma prova empírica irrefutável, como a que temos nas ciências, nunca poderá ser alcançada.

Algumas coisas são comprovadas pela uniformidade ininterrupta de nossas experiências. A lei da gravitação é estabelecida pelo fato de que, em nossa experiência, todos os corpos, sem exceção, obedecem a ela. Mas, mesmo se todas as coisas pelas quais as pessoas oram acontecerem, o que não ocorre, isso não provaria o que os cristãos chamam

A eficácia da oração

de eficácia da oração. Pois oração é um pedido. A essência do pedido, distinto da compulsão, é que ele pode ou não ser atendido. E se um Ser infinitamente sábio ouve os pedidos de criaturas finitas e tolas, é claro que ele às vezes as atende e às vezes as recusa. O "sucesso" invariável na oração não provaria em absoluto a doutrina cristã. Isso provaria algo muito mais como mágica — um poder em certos seres humanos de controlar ou forçar o curso da natureza.

Há, sem dúvida, passagens no Novo Testamento que podem parecer, à primeira vista, prometer que nossas orações serão invariavelmente atendidas. Mas não é possível que seja isso o que elas realmente significam. Pois, no âmago da história, encontramos um exemplo flagrante do contrário. No Getsêmani, o mais santo de todos os peticionários orou três vezes para que certo cálice fosse afastado dele. Isso não aconteceu. Depois disso, a ideia de que a oração é recomendada a nós como uma espécie de truque infalível pode ser descartada.

Outras coisas são provadas não apenas pela experiência, mas por aquelas experiências artificialmente planejadas que chamamos de experimentos. Isso poderia ser feito com respeito à oração? Eu vou passar por cima da objeção de que nenhum cristão poderia participar desse projeto, por ter ele sido proibido: "Você não deve realizar experimentos com relação a Deus, seu Mestre." Proibida ou não, a coisa é mesmo possível?

Eu já vi a seguinte proposta: uma equipe de pessoas — quanto mais, melhor — deveria concordar em orar com toda a força, durante um período de seis semanas, por

A última noite do mundo

todos os pacientes do Hospital A e não orar por qualquer dos pacientes do Hospital B. Então, você poderia somar os resultados e ver se A teve mais curas e menos mortes. E suponho que você repetiria o experimento em vários momentos e lugares, de modo a eliminar a influência de fatores irrelevantes.

O problema é que eu não vejo como qualquer oração real poderia continuar sob tais condições. "Palavras sem pensamentos nunca chegam ao céu", diz o rei em *Hamlet*. Simplesmente dizer orações não é orar; se assim fosse, um time de papagaios corretamente treinados serviria tão bem quanto os homens para nosso experimento. Você não pode orar pela recuperação de enfermos a menos que o fim que tenha em vista seja a recuperação deles. Mas pode não ter motivos para desejar a recuperação de todos os pacientes em um hospital e de nenhum em outro. Você não está fazendo isso para que o sofrimento seja aliviado; está fazendo isso para descobrir o que acontece. O propósito real e o propósito nominal de suas orações estão em desacordo. Em outras palavras, apesar do que sua língua, seus dentes e seus joelhos estejam fazendo, você não está orando. O experimento exige uma impossibilidade.

Prova empírica e refutação são, portanto, inatingíveis. Mas essa conclusão parecerá menos deprimente se nos lembrarmos de que a oração é um pedido e a compararmos com outros espécimes da mesma coisa.

Fazemos pedidos a nossos semelhantes tanto quanto a Deus: pedimos o sal, pedimos um aumento salarial, pedimos a um amigo para alimentar o gato enquanto estamos

A eficácia da oração

fora curtindo férias, pedimos uma mulher em casamento. Às vezes conseguimos o que pedimos, e às vezes, não. Mas, quando somos atendidos, não é tão fácil, como se poderia supor, provar, com certeza científica, uma conexão causal entre o pedir e o receber.

Seu vizinho pode ser uma pessoa bondosa que não deixaria seu gato morrer de fome mesmo que você tivesse se esquecido de combinar alguma coisa com ele. Seu empregador só está tão disposto a atender o seu pedido de aumento pois está ciente de que você poderia ganhar mais de uma empresa concorrente; portanto, é bem provável que já pretendia segurá-lo através de um aumento. Quanto à jovem que consente se casar com você — tem certeza de que ela já não havia decidido fazê-lo? Seu pedido, veja bem, pode ter sido o resultado, não a causa, da decisão dela. Certa conversa importante poderia nunca ter ocorrido, a menos que ela tivesse a intenção de tê-la.

Assim, em certa medida, a mesma dúvida que paira sobre a eficácia de nossas orações a Deus também paira sobre nossas orações aos homens. O que quer que obtenhamos, poderíamos ter obtido de qualquer maneira. Mas apenas, como eu digo, até certo ponto. Nosso vizinho, o chefe e a esposa podem nos dizer que agiram porque pedimos; e podemos conhecê-los tão bem a ponto de estarmos certos, primeiro, de que eles estão dizendo o que acreditam ser verdade e, em segundo lugar, que eles entendem os próprios motivos bem o suficiente para estarem certos. Mas observe que, quando isso acontece, nossa certeza não foi obtida pelos métodos da ciência. Não tentamos

A última noite do mundo

o experimento de controle de recusar o aumento ou interromper o noivado e, em seguida, fazer nosso pedido novamente diante de novas condições. Nossa certeza é bem diferente daquela que vem do conhecimento científico. Nasce de nossa relação com as outras partes; não de conhecer coisas sobre elas, mas de *conhecê-las*.

Nossa certeza — se alcançarmos uma certeza — de que Deus sempre ouve nossas orações, e às vezes as atende, e que as aparentes concessões não são meramente fortuitas, só pode vir do mesmo modo. Não é uma questão de tabular sucessos e fracassos e tentar decidir se os sucessos são numerosos demais para serem contabilizados como acaso. Aqueles que mais bem conhecem um homem sabem se, quando ele fez o que lhe pediram, ele o fez porque lhe pediram. Acho que os que melhor conhecem a Deus saberão melhor se ele me mandou para a barbearia porque o barbeiro orou.

Até agora temos lidado com toda a questão da maneira errada e no nível errado. A própria questão "A oração funciona?" cria um modo de pensar errado desde o início. "Funciona": como se fosse mágica, ou uma máquina — algo que funciona automaticamente. A oração só pode ser uma de duas coisas: ou uma ilusão completa, ou um contato pessoal entre pessoas embrionárias e incompletas (nós mesmos) e a Pessoa totalmente concreta. (Oração no sentido de petição, de pedir coisas, é uma pequena parte disso; confissão e penitência são seu princípio; a adoração, seu santuário; a presença e a visão e o deleite de Deus, seu pão e vinho.) Nela Deus se mostra a nós. Que ele responde

A eficácia da oração

às orações é um corolário — não necessariamente o mais importante — dessa revelação. O que ele faz é aprendido daquilo que ele é.

No entanto, a oração peticionária nos é permitida e ordenada: "Dá-nos hoje o nosso pão de cada dia". E, sem dúvida, isso levanta um problema teórico. Podemos crer que Deus realmente modifica sua ação em resposta às sugestões dos homens? Pois a sabedoria infinita não precisa dizer o que é melhor, e a bondade infinita não precisa de insistência para fazê-lo. Mas Deus também não precisa de nenhuma dessas coisas que são feitas por agentes finitos, sejam vivos ou inanimados. Ele poderia, se escolhesse, reparar nosso corpo milagrosamente sem comida; ou nos dar comida sem a ajuda de agricultores, padeiros e açougueiros; ou conhecimento sem a ajuda de homens instruídos; ou converter os pagãos sem o trabalho de missionários. Em vez disso, ele permite a cooperação de solos e clima, de animais e músculos, de mente e vontade dos homens na execução de sua vontade. "Deus", disse Pascal, "instituiu a oração a fim de emprestar a suas criaturas a dignidade da causalidade". Mas não só a oração; sempre que agimos, ele nos empresta essa dignidade. Não é realmente mais estranho, nem menos estranho, que minhas orações devam afetar o curso dos acontecimentos do que minhas outras ações devam fazê-lo. Elas não aconselharam ou mudaram a mente de Deus — isto é, seu propósito total. Mas esse propósito será realizado de diferentes maneiras, de acordo com as ações, incluindo as orações de suas criaturas.

A última noite do mundo

Pois ele parece não fazer nada de si mesmo que possa delegar a suas criaturas. Ele nos ordena fazer devagar e desajeitadamente o que poderia fazer perfeitamente e num piscar de olhos. Ele nos permite negligenciar o que ele quer que façamos, ou fracassar nisso. Talvez não compreendamos plenamente o problema, por assim dizer, de permitir que vontades livres coexistam com a Onipotência. Isso parece envolver a todo momento quase uma espécie de abdicação divina. Nós não somos meros receptores ou espectadores. Temos o privilégio de participar do jogo ou somos compelidos a colaborar no trabalho, "a empunhar nossos pequenos tridentes".[1] Esse maravilhoso processo é simplesmente criação acontecendo diante de nossos olhos? É assim que (sem nenhuma matéria) Deus faz alguma coisa — de fato, faz deuses — do nada.

Para mim, pelo menos, parece ser isso. Mas o que ofereço pode ser, no melhor dos casos, apenas um modelo ou símbolo mental. Tudo o que dizemos sobre esses assuntos deve ser meramente analógico e parabólico. A realidade é, sem dúvida, não compreensível por nossas faculdades. Mas podemos, em alguma medida, tentar superar as analogias ruins e as parábolas ruins. A oração não é uma máquina. Não é mágica. Não é um conselho oferecido a Deus. Nosso ato, quando oramos, não deve, mais do que todos os nossos outros atos, ser separado do contínuo

---

[1] Paráfrase de um verso da obra *Comus*, de John Milton (1608—1674), no qual o autor conta como Netuno, deus do mar, delegou sua autoridade sobre as ilhas a deuses tributários. [N. T.]

A eficácia da oração

ato do próprio Deus, no qual somente todas as causas finitas operam.

Seria ainda pior pensar naqueles que recebem aquilo pelo que oram como uma espécie de favoritos da corte, pessoas que têm influência no trono. A oração recusada de Cristo no Getsêmani é resposta suficiente para isso. E não me atrevo a deixar de fora a dura palavra que ouvi, certa vez, de um cristão experiente: "Tenho visto muitas respostas impressionantes à oração, e mais de uma que eu considerei milagrosa. Mas elas geralmente vêm no começo: antes da conversão ou logo depois dela. Conforme a vida cristã prossegue, elas tendem a ser mais raras. As recusas, também, não são apenas mais frequentes; elas se tornam mais inconfundíveis, mais enfáticas."

Deus, então, abandona quem melhor o serve? Bem, aquele que o serviu melhor disse, perto de sua torturante morte: "Por que me abandonaste?" Quando Deus se tornou homem, esse Homem, entre todos os outros, foi o menos consolado por Deus na hora de sua maior necessidade. Há um mistério aqui que, mesmo que eu tivesse o poder, talvez não tivesse coragem de explorar. Enquanto isso, pessoas comuns como eu e você, se nossas orações às vezes são respondidas, acima de toda esperança e probabilidade, é melhor não tirarmos conclusões precipitadas para nossa própria vantagem. Se fôssemos mais fortes, poderíamos ser tratados com menos ternura. Se fôssemos mais corajosos, poderíamos ser enviados, com muito menos ajuda, para defender posições muito mais desesperadoras na grande batalha.

CAPÍTULO 2

Sobre a
obstinação
na crença

Ensaios foram lidos mais de uma vez no Clube Socrático em Oxford, nos quais foi traçado um contraste entre uma atitude supostamente cristã e uma atitude supostamente científica em relação à crença. Disseram-nos que o cientista pensa ser seu dever harmonizar a força de sua crença exatamente com a evidência; acreditar menos quando houver menos evidências e retirar completamente a crença quando evidências adversas confiáveis aparecerem. Disseram-nos que, ao contrário, o cristão considera positivamente louvável crer sem evidência ou com excesso de evidência, ou manter sua crença inalterada a despeito de provas crescentes contra ela. Assim, uma "fé que permanece firme", que parece significar uma crença imune a todos os golpes de realidade, é elogiada.

Se essa fosse uma apresentação justa do caso, então, a coexistência dentro da mesma espécie de tais cientistas e tais cristãos seria um fenômeno muito surpreendente. O fato de as duas classes parecerem se justapor, como acontece, seria bastante inexplicável. Certamente toda

Sobre a obstinação na crença

discussão entre criaturas tão diferentes seria sem esperança. O objetivo deste ensaio é mostrar que as coisas realmente não são tão ruins assim. O sentido em que os cientistas relacionam sua crença com a evidência e o sentido em que os cristãos não o fazem precisam ser definidos mais de perto. Minha esperança é que, quando isso tiver sido feito, embora possa haver divergências entre as duas partes, elas não ficarão olhando uma para a outra em uma incompreensão totalmente muda e desesperada.

E, antes, uma palavra sobre crença em geral. Eu não considero que o estado de "relacionar crença e evidência" seja algo tão comum na vida científica quanto tem sido reivindicado. Os cientistas estão preocupados, principalmente, não em crer em coisas, mas em descobrir coisas. E ninguém, até onde sei, usa a palavra "crer" a respeito das coisas que descobriu. O médico diz que "crê" que um homem foi envenenado antes de examinar o corpo; após o exame, ele diz que o homem foi envenenado. Ninguém diz que ele crê na tabela de multiplicação. Ninguém que pega um ladrão em flagrante diz crer que o homem estava roubando. O cientista, quando no trabalho, isto é, quando é cientista, está trabalhando para escapar da crença e da descrença e ir em direção ao conhecimento. Claro que ele usa hipóteses ou suposições. Eu não acho que elas sejam crenças. Devemos olhar, então, para o comportamento do cientista com respeito à crença não em sua vida científica, mas em seus momentos de lazer.

21

No uso atual do inglês moderno, o verbo "crer",[1] exceto por dois usos especiais, geralmente expressa um grau muito fraco de opinião. "Onde está Tom?", "Foi para Londres, eu creio." O falante ficaria apenas levemente surpreso se Tom não tivesse, de fato, indo para Londres. "Em que data?", "Em 430 a.C., eu creio." O falante quer dizer que não tem certeza absoluta. O mesmo ocorre com o negativo, se for colocado na forma "creio que não". ("Jones está chegando neste semestre?", "Creio que não.") Mas se o negativo é colocado em uma forma diferente, então, torna-se um dos usos especiais que mencionei há pouco. É, sem dúvida, a forma "Eu não creio nisso", ou a ainda mais forte "Eu não creio em você". "Eu não creio nisso" é muito mais forte no lado negativo do que "Eu creio", no positivo. "Onde está a Sra. Jones?", "Fugiu com o mordomo, eu creio", "Eu não creio nisso." Isso, especialmente se dito com raiva, pode implicar uma convicção que, na certeza subjetiva, pode ser difícil distinguir do conhecimento por experiência.

O outro uso especial é "Eu creio" tal como proferido por um cristão. Não há grande dificuldade em fazer o materialista endurecido compreender, ainda que não aprove nem um pouco, o tipo de atitude mental que este

---

[1]Em inglês, *believe* pode ser tanto crer quanto acreditar. Em português, usa-se o primeiro em sentido mais estrito com respeito a assuntos de fé, enquanto o segundo é mais geral. No entanto, na linguagem popular, são usados intercambiavelmente. No texto, optou-se pela forma *crer*, mesmo nos exemplos em que, popularmente, *acreditar* seria mais espontâneo e comum. [N. T.]

Sobre a obstinação na crença

"Eu creio" expressa. O materialista só precisa se imaginar respondendo ao relato de um milagre: "Eu não creio nisso", e, então, imaginar esse mesmo grau de convicção no lado oposto. Ele sabe que não pode, naquele momento, produzir uma refutação do milagre que tivesse a certeza da demonstração matemática, mas a possibilidade formal de que o milagre pudesse, afinal, ter ocorrido de fato não o incomoda mais do que o temor de que a água não seja H e O. Da mesma forma, o cristão não necessariamente afirma ter provas demonstrativas, mas a possibilidade formal de que Deus possa não existir não está necessariamente presente na forma da menor dúvida real. É claro que existem cristãos que sustentam que tal prova demonstrativa existe, assim como pode haver materialistas que sustentam que há uma contestação demonstrativa. Mas, então, quem quer que esteja certo (se algum deles está), enquanto retiver a prova ou a refutação, não está crendo ou descrendo, mas, sim, conhecendo. Estamos falando de crença e de descrença no nível mais elevado, mas não de conhecimento. A crença, nesse sentido, parece-me ser o assentimento a uma proposição que achamos tão esmagadoramente provável que há uma exclusão psicológica da dúvida, embora não uma exclusão lógica do debate.

Pode-se perguntar se a crença (e, é claro, a descrença) desse tipo está sempre associada a tudo menos a proposições teológicas. Eu acho que muitas crenças se aproximam disso; isto é, muitas probabilidades nos parecem tão fortes que a ausência de certeza lógica não induz em nós a mínima sombra de dúvida. As crenças científicas daqueles que não são cientistas muitas vezes têm esse caráter, especialmente entre os não instruídos. A maioria de nossas crenças sobre outras pessoas é do mesmo tipo. O próprio cientista, ou aquele que era um cientista no laboratório, tem crenças sobre a esposa e os amigos que mantém não sem evidências, mas com mais certeza do que as evidências — se testadas no laboratório — justificariam. A maioria das pessoas da minha geração cria na realidade do mundo exterior e de outras pessoas — se você preferir, uma descrença no solipsismo[2] — muito além de nossos argumentos mais fortes. Pode ser verdade, como dizem agora, que a coisa toda surgiu de erros de categoria e era um pseudoproblema; mas não sabíamos disso nos anos 1920. No entanto, conseguimos descrer no solipsismo mesmo assim.

Não há questionamento, por ora, de crença sem evidência. Devemos ter cuidado com a confusão entre a maneira pela qual um cristão primeiramente concorda com certas proposições e a maneira pela qual, depois, ele adere a elas. Elas devem ser cuidadosamente distinguidas. Da segunda é verdade dizer, em certo sentido, que os cristãos recomendam certa redução da aparente evidência contrária, e mais tarde tentarei explicar por quê. Mas, tanto quanto sei, não é de esperar que um homem consinta com essas

---

[2]Doutrina segundo a qual a única realidade existente é o eu e suas sensações, sendo os demais elementos (seres humanos, animais e coisas) vistos como meros participantes do seu mundo (Dicionário Michaelis online). [N. T.]

Sobre a obstinação na crença

proposições em primeiro lugar, sem provas ou pressionado por evidência. De qualquer forma, se alguém espera isso, eu certamente não. E, de fato, o homem que aceita o cristianismo sempre acha que tem boas evidências; se, como Dante, *fisici e metafisici argomenti*,[3] ou evidência histórica, ou a evidência da experiência religiosa, ou autoridade, ou todos esses juntos. Pois, evidentemente, a autoridade, como quer que possamos avaliá-la nesse ou naquele caso em particular, é um tipo de evidência. Todas as nossas crenças históricas, a maioria de nossas crenças geográficas, muitas de nossas crenças sobre assuntos que nos preocupam na vida cotidiana são aceitas com base na autoridade de outros seres humanos, sejam cristãos, ateus, cientistas ou cidadãos comuns.

Este ensaio não tem o propósito de colocar na balança a evidência, seja lá qual for, sobre a qual os cristãos baseiam sua crença. Fazer isso seria escrever uma *apologia* formal. Tudo o que eu preciso fazer aqui é indicar que, no pior dos casos, essa evidência não pode ser tão fraca a ponto de garantir a percepção de que todos a quem ela convence são indiferentes à evidência. A história do pensamento parece deixar isso bem claro. Sabemos, de fato, que os crentes não são separados dos incrédulos por qualquer inferioridade

---

[3] *Paraíso* XXIV, 134. Perto do final da *Divina comédia*, Dante conversa com o apóstolo Pedro, que lhe pergunta qual crença (ou fé) ele tem. Dante responde: "Eu creio em um Deus único e eterno [...] E de tal fé eu não tenho apenas *provas físicas e metafísicas* [...]". [N. T., grifos nossos]

portentosa da inteligência ou por qualquer recusa perversa do ato de pensar. Muitos deles foram pessoas de mente poderosa. Muitos deles foram cientistas. Podemos supor que eles se enganaram, mas devemos supor que seu erro foi pelo menos plausível. Poderíamos, de fato, concluir que foi assim, apenas pela multidão e diversidade dos argumentos contra ela. Pois não há uma posição contra a religião, mas muitas. Alguns dizem, como Capaneus, em Estácio, que ela é uma projeção de nossos medos primitivos, *primus in orbe deos fecit timor*:[4] outros, como Evêmero,[5] que ela é apenas um "embuste" tramado por reis, sacerdotes ou capitalistas ímpios; outros, como Tylor,[6] que ela vem de

---

[4]Em latim, "o temor primitivo criou os deuses no mundo". Na mitologia grega antiga, Capaneus é um dos sete heróis lendários de Argos que fazem guerra contra a cidade de Tebas. Ésquilo, grego, escreveu sobre o assunto em *Sete contra Tebas*, séculos antes do poeta romano Estácio escrever seu épico *Tebaid* no século I a.C. Estácio escreve que Anfíaros, um vidente entre os sete, consultou os deuses e previu que aquele empreendimento terminaria em desastre. Capaneus, enfurecido por considerar aquilo mera fraqueza de coração, declarou que a ideia de que haja deuses é um produto do medo. Suas palavras (III, 661) são bem recebidas, mas, por fim, Anfíaros estava certo. [N. T.]

[5]Evêmero de Messina (c. 330—c. 250 a.C.), escritor grego. Segundo ele, os personagens mitológicos eram simplesmente reis louváveis ou heróis do passado que haviam sido divinizados pelo medo ou pela admiração dos povos. [N. T.]

[6]Edward Burnett Tylor (1832—1917), pioneiro britânico da antropologia cultural, considerava as civilizações como produtos da evolução no sentido darwiniano. Chamou de "animismo" o que considerava ser o primeiro estágio da religião: o sonho faz com que as pessoas pensem que as criaturas e as coisas têm uma alma imaterial (*anima*). [N. T.]

Sobre a obstinação na crença

sonhos sobre os mortos; outros, acompanhando Frazer,[7] que é um subproduto da agricultura; outros, como Freud,[8] que é um complexo; os modernos, que é um erro de categoria. Eu nunca vou crer que um erro contra o qual tantas e variadas armas defensivas tenham sido consideradas necessárias foi, desde o início, totalmente desprovido de plausibilidade. Todo esse "tumulto febril que agita o país"[9] obviamente implica um inimigo respeitável.

Há, naturalmente, pessoas em nossos dias a quem toda a situação parece alterada pela doutrina do desejo oculto. Elas admitirão que os homens, aparentemente racionais, foram enganados pelos argumentos a favor da religião. Mas elas dirão que eles foram enganados primeiro por seus próprios desejos e depois produziram os argumentos como uma racionalização: que esses argumentos nunca foram nem mesmo intrinsecamente plausíveis, mas pareciam ser assim porque eram secretamente oprimidos por nossos desejos. Bem, eu não duvido que esse tipo de coisa aconteça ao pensar sobre religião tal como acontece ao pensar sobre outras coisas; mas como uma explicação

---

[7]James George Frazer (1854—1941), antropólogo cultural escocês da escola evolutiva de Tylor. Fez um amplo estudo comparativo de mitos e rituais em todo o mundo. Explicava a ideia recorrente de um deus agonizante voltando à vida como um reflexo do ciclo de vida agrário. [N. T.]

[8]Sigmund Freud (1856—1939), considerado "pai da psicanálise", referia-se à religião como "neurose obsessiva da humanidade", "uma ilusão" e "inimiga da ciência". [N. T.]

[9]*Hamlet*, ato I, cena I, de William Shakespeare (1564—1616), tradução de Millôr Fernandes. [N. T.]

geral do assentimento religioso, parece-me bastante inútil. Nessa questão, nossos desejos podem favorecer um dos lados ou ambos. A suposição de que todo homem ficaria satisfeito, e nada mais a não ser satisfeito, se tão somente pudesse concluir que o cristianismo é verdadeiro parece-me simplesmente absurda. Se Freud está certo sobre o complexo de Édipo, a pressão universal do desejo de que Deus não exista deve ser enorme, e o ateísmo deve ser uma gratificação admirável para um de nossos mais fortes impulsos reprimidos. Esse argumento, na verdade, poderia ser usado do lado teísta. Mas eu não tenho intenção de usá-lo. Não ajudará realmente nenhuma das partes. Ela é fatalmente ambivalente. Os homens desejam algo de ambos os lados: e, uma vez mais, existe a satisfação do medo, bem como a satisfação do desejo, e temperamentos hipocondríacos sempre tenderão a pensar como verdadeiro aquilo que eles mais desejam ser falso. Assim, em lugar da única situação difícil em que nossos oponentes às vezes se concentram, há quatro. Um homem pode ser cristão porque quer que o cristianismo seja verdadeiro. Ele pode ser ateu porque quer que o ateísmo seja verdadeiro. Ele pode ser ateu porque quer que o cristianismo seja verdadeiro. Ele pode ser cristão porque quer que o ateísmo seja verdadeiro. Essas possibilidades certamente se anulam umas às outras? Elas podem ser de alguma utilidade na análise de um caso particular de crença ou de descrença, do qual conhecemos a história, mas, como uma explicação geral de qualquer um deles, não nos servirão de nada. Eu não acho que elas derrubem a visão de que há evidências tanto

Sobre a obstinação na crença

a favor quanto contra as proposições cristãs que mentes plenamente racionais, trabalhando honestamente, podem avaliar de maneira diferente.

Por isso, peço-lhe que substitua uma imagem diferente e menos ordenada por aquela com a qual começamos. Nela, você se lembra, dois tipos diferentes de homens — os cientistas, que harmonizavam sua crença com a evidência, e os cristãos, que não o faziam — ficaram de frente um para o outro em cada lado de um abismo. A imagem que prefiro é a seguinte. Todos os homens, em questões que lhes interessam, escapam da região da crença para a do conhecimento quando podem, e, se alcançam o conhecimento, não mais dizem crer. As questões em que os matemáticos estão interessados admitem tratamento por meio de uma técnica particularmente clara e rigorosa. As questões do cientista têm sua própria técnica, que não é exatamente a mesma. As do historiador e as do juiz são também diferentes. A prova do matemático (pelo menos é o que nós, leigos, supomos) é por meio de raciocínio; a do cientista, por experimento; a do historiador, por documentos; a do juiz, por um testemunho juramentado. Mas todos esses homens, como homens, em questões fora das disciplinas que lhes são próprias, têm numerosas crenças às quais normalmente não aplicam os métodos dessas disciplinas. De fato, levantaria alguma suspeita de morbidez e até de insanidade se o fizessem. Essas crenças variam em força da opinião fraca à completa certeza subjetiva. Exemplos dessas crenças mais fortes são o "Eu creio" do cristão e o "Eu não creio em uma palavra disso" do ateu convicto. O assunto específico sobre o qual esses dois discordam não envolve necessariamente a força da crença ou da descrença. Existem alguns que moderadamente opinam que existe, ou não, um Deus. Mas há outros cuja crença ou descrença é livre de dúvida. E todas essas crenças, fracas ou fortes, são baseadas no que parece, para os que as sustêm, serem evidência — mas os crentes ou os descrentes convictos, é claro, pensam ter evidências muito fortes. Não há necessidade de supor uma completa falta de razão em qualquer dos lados. Precisamos apenas supor erro. Um lado tem estimado a evidência erroneamente. E, mesmo assim, não se pode supor que o erro seja de natureza flagrante; caso contrário, o debate não continuaria.

É o suficiente, então, a respeito do modo como os cristãos vêm a concordar com certas proposições. Mas agora temos de considerar algo bem diferente: o modo como aderem à sua crença depois desta ter sido formada. É aqui que a acusação de irracionalidade e resistência às evidências se torna realmente importante. Pois é preciso admitir de imediato que os cristãos louvam tal adesão como se fosse meritória; e até mesmo, de certo modo, mais meritória quanto mais forte se torna a aparente evidência contra a sua fé. Eles até advertem uns aos outros que tal aparente evidência contrária — tais "provações à fé" ou "tentações à dúvida" — pode ocorrer, e determinam-se com antecedência a resistir a ela. E isso, por certo, é chocantemente diferente do comportamento que todos exigimos do cientista ou do historiador nas disciplinas que lhes são próprias. Ali, desprezar ou ignorar a mais fraca

Sobre a obstinação na crença

evidência contra uma hipótese favorita é admitidamente tolo e vergonhoso. Ela deve ser exposta a todos os testes; todas as dúvidas devem ser convidadas. No entanto, não admito que uma hipótese seja uma crença. E, se considerarmos o cientista, não entre suas hipóteses no laboratório, mas entre as crenças de sua vida cotidiana, acho que o contraste entre ele e o cristão seria enfraquecido. Se, pela primeira vez, uma dúvida sobre a fidelidade de sua esposa cruza a mente do cientista, ele considera seu dever imediatamente nutrir essa dúvida com completa imparcialidade, ao mesmo tempo em que desenvolve uma série de experimentos pelos quais ela pode ser testada, e aguardar o resultado com pura neutralidade de espírito? Sem dúvida, pode chegar a isso no final. Há esposas infiéis; há maridos experimentadores. Mas esse curso de ação seria o que seus colegas cientistas recomendariam a ele (todos eles, suponho, exceto um) como o primeiro passo que ele deveria dar e o único consistente com sua honra como cientista? Ou eles, como nós, o culpariam por uma falha moral, em vez de elogiá-lo por uma virtude intelectual, se o fizesse?

Isso pretende ser, no entanto, apenas uma precaução contra exagerar a diferença entre a obstinação cristã na crença e o comportamento das pessoas normais sobre suas crenças não teológicas. Estou longe de sugerir que o caso que imaginei é exatamente paralelo à obstinação cristã. Com certeza, é possível que evidências da infidelidade da esposa se acumulem e, por fim, atinjam um ponto em que o cientista seria tolamente insensato se não acreditar nelas.

A última noite do mundo

Mas os cristãos parecem louvar uma adesão à crença original que se opõe a qualquer evidência. Devo agora tentar mostrar por que tal louvor é, na verdade, uma conclusão lógica derivada da própria crença original.

Isso pode ser feito da melhor forma ao se pensar, por um momento, em situações em que a coisa é invertida. No cristianismo, essa fé é exigida de nós, mas há situações em que a exigimos dos outros. Há ocasiões em que podemos fazer tudo o que uma criatura precisa se ela confiar em nós. Ao tirar um cachorro de uma armadilha, ao tirar um espinho do dedo de uma criança, ao ensinar um menino a nadar ou ao resgatar alguém que não sabe nadar, ao ajudar um alpinista novato assustado a ultrapassar um lugar desagradável em uma montanha, o único obstáculo fatal pode ser a desconfiança deles. Estamos pedindo a eles que confiem em nós em franca oposição a seus sentidos, a sua imaginação e a sua inteligência. Pedimos a eles que creiam que o que é doloroso aliviará sua dor e que aquilo que parece perigoso é sua única segurança. Pedimos a eles que aceitem aparentes impossibilidades: que mover a pata mais para dentro da armadilha é a maneira de sair dela; que machucar muito mais o dedo vai fazer o dedo parar de doer; que a água, que é obviamente permeável, possui sua resistência e apoiará o corpo; que segurar o único apoio ao alcance não é a melhor maneira de não afundar; que subir ainda mais e ir para uma borda mais exposta ajuda a não cair. Para apoiar toda essa *incredibilia*, podemos contar apenas com a confiança em nós da outra parte — uma confiança certamente não baseada em demonstração,

Sobre a obstinação na crença

reconhecidamente atingida pela emoção e, talvez, se formos desconhecidos, repousando em nada além da segurança que a aparência de nosso rosto e o tom de nossa voz possa dar, ou mesmo, para o cachorro, do nosso cheiro. Às vezes, por causa da incredulidade deles, não podemos fazer grandes obras. Mas, se formos bem-sucedidos, conseguiremos porque eles mantiveram fé em nós contra evidências aparentemente contrárias. Ninguém nos culpa por exigir tal fé. Ninguém os culpa por darem-na. Ninguém diz depois que deve ter sido um cão, ou uma criança, ou um menino não inteligente por ter confiado em nós. Se o jovem alpinista fosse um cientista, não poderia ser dito contra ele, quando recebesse uma bolsa de estudos para virar pesquisador, que ele havia se afastado da regra de evidência de Clifford[10] por acolher uma crença com maior força do que a evidência logicamente o obrigava a fazer.

Agora, aceitar as proposições cristãs é, *ipso facto*, crer que somos para Deus, sempre, como aquele cão, ou aquela criança, ou como o banhista, ou o montanhista era para nós, só que muito mais do que isso. A partir desse fato, é uma conclusão estritamente lógica que o comportamento adequado para eles será apropriado para nós apenas de uma forma muito mais adequada. Note: eu não estou dizendo que a força de nossa crença original deve, por necessidade

---

[10]Ela diz que "está errado sempre, em todo lugar e para qualquer um, crer em qualquer coisa com insuficiente evidência". Foi descrita por William Kingdon Clifford (1845—1879), matemático e filósofo inglês, em seu livro *The Ethics of Belief and Other Essays* [A ética da crença e outros ensaios]. [N. T.]

psicológica, produzir tal comportamento. Estou dizendo que, por necessidade lógica, o conteúdo de nossa crença original implica a proposição de que tal comportamento é apropriado. Se a vida humana é, de fato, ordenada por um Ser beneficente cujo conhecimento de nossas necessidades reais e do modo pelo qual elas podem ser satisfeitas excede infinitamente o nosso, devemos esperar *a priori* que suas operações frequentemente nos parecerão distantes de serem benéficas e distantes de serem sábias, e que será nossa mais alta prudência dar a ele nossa confiança apesar disso. Essa expectativa é aumentada pelo fato de que, quando aceitamos o cristianismo, somos avisados de que aparentes evidências contra ele ocorreriam — evidências fortes o bastante "para, se possível, enganar até os eleitos". Nossa situação é considerada tolerável por dois fatos. Um é que, para nós mesmos, nós, além da evidência aparentemente contrária, recebemos evidências favoráveis. Algumas delas estão na forma de eventos externos: como quando eu fui encontrar um homem, movido pelo que eu senti ser um capricho, e descobri que ele vinha orando para que eu o procurasse naquele dia. Algumas delas são mais como a evidência pela qual o montanhista ou o cão pode confiar em seu resgatador: a voz, o olhar e o cheiro do resgatador. Parece-nos (embora você, em suas premissas, considere-nos iludidos) que temos algo como um conhecimento por meio da familiaridade com a Pessoa em quem cremos, por mais imperfeito e intermitente que seja tal conhecimento. Não confiamos porque "um Deus" existe, mas porque *este* Deus existe. Ou, se não ousarmos dizer

Sobre a obstinação na crença

que o "conhecemos", a cristandade o faz, e nós confiamos em pelo menos alguns de seus representantes da mesma maneira: por causa do tipo de pessoas que eles são.

O segundo fato é este: achamos já poder ver por que, se nossa crença original é verdadeira, tal confiança além das evidências, contra muitas evidências aparentes, deve ser exigida de nós. Pois a questão não é sobre ser ajudado em uma armadilha ou em um lugar difícil de uma escalada. Cremos que a intenção dele é criar certa relação pessoal entre ele e nós, uma relação realmente *sui generis*, mas analogicamente descritível em termos de amor filial ou erótico. A confiança total é um ingrediente nessa relação — essa confiança não poderia ter espaço para crescer, exceto onde há também espaço para dúvidas. Amar envolve confiar no amado além da evidência, mesmo contra muitas evidências. Nenhum homem que é nosso amigo acredita em nossas boas intenções somente quando elas são provadas. Nenhum homem que é nosso amigo terá pressa em aceitar provas contra elas. Tal confiança, entre um homem e outro, é de fato quase universalmente louvada como uma beleza moral, não culpada de ser um erro lógico. E o homem suspeito é culpado por uma mesquinhez de caráter, não admirado pela excelência de sua lógica.

Não há, como se percebe, um paralelo real entre a obstinação cristã na fé e a obstinação de um cientista ruim tentando preservar uma hipótese, embora a evidência tenha se voltado contra ela. Os incrédulos têm, e é fácil de entender o porquê, a impressão de que uma adesão à nossa fé é assim, porque eles encontram o cristianismo, principalmente, em obras apologéticas. E nelas, é claro, a existência e a beneficência de Deus são mostradas como uma questão especulativa como qualquer outra. De fato, é uma questão especulativa, contanto que seja realmente uma questão. Mas, uma vez que tenha sido respondida de modo afirmativo, você tem uma situação completamente nova. Crer que Deus — pelo menos, *este* Deus — existe é crer que você, como pessoa, agora está na presença de Deus como uma Pessoa. O que seriam, um momento antes, variações de opinião, agora se tornam variações em sua atitude com respeito a uma Pessoa. Você não mais se depara com um argumento que exige seu assentimento, mas com uma Pessoa que exige sua confiança. Apresento uma vaga analogia. Uma coisa é perguntar *in vacuo* se Fulano vai se juntar a nós hoje à noite, e outra é discutir isso quando Fulano deu a palavra que viria e alguma grande questão depende de sua vinda. No primeiro caso, seria apenas razoável, conforme as horas passam, esperar cada vez menos por ele. No segundo, uma expectativa contínua até tarde da noite seria devida ao caráter de nosso amigo, caso o tivéssemos considerado confiável. Qual de nós não se sentiria um pouco envergonhado se, um momento depois de termos desistido de sua visita, ele chegasse com uma explicação completa para seu atraso? Iríamos sentir que deveríamos conhecê-lo melhor.

Agora, é claro, vemos, de modo tão claro quanto você, o quanto tudo isso é uma faca de dois gumes angustiante. Uma fé desse tipo, se for verdadeira, é obviamente o que precisamos, e é infinitamente ruinoso não tê-la. Mas

Sobre a obstinação na crença

pode haver fé desse tipo onde ela é totalmente infundada. O cachorro pode lamber o rosto do homem que vem tirá-lo da armadilha, mas o homem pode fazer isso apenas por querer vivissectá-lo na South Parks Road.[11] Os patos que atendem ao chamado "Dilly, Dilly, venha e seja morto!"[12] confiam na esposa do fazendeiro, e em troca ela lhes torce o pescoço. Há aquela famosa história francesa do incêndio no teatro. O pânico estava se espalhando, os espectadores estavam se transformando de plateia em turba. Naquele momento, um homem enorme e barbado saltou da orquestra para o palco, levantou a mão com um gesto cheio de nobreza e gritou: "*Que chacun regagne sa place!*"[13] Tal era a autoridade de sua voz e de seu comportamento que todos lhe obedeceram. Como resultado, todos morreram queimados, enquanto o homem de barba caminhava silenciosamente pelas laterais até a porta do palco, pegava um táxi que estava esperando por outra pessoa e ia para casa a fim de dormir.

Essa exigência de confiança que um verdadeiro amigo faz de nós é exatamente a mesma que um vigarista faria. Essa recusa em confiar, que é sensata em resposta a um vigarista, é pouco generosa e desprezível com respeito a

---

[11]Estrada em Oxford, na Inglaterra, onde ficam muitos dos departamentos de ciências da Universidade de Oxford. [N. T.]

[12]Verso de uma canção infantil inglesa de 1831 chamada *Oh, What Have You Got for Dinner, Mrs. Bond?* [O que você tem para o jantar, Sra. Bond?]. *Dilly* é, provavelmente, uma redução de "*delightful*" ou de "*delicious*" (deleitoso e delicioso, respectivamente). [N. T.]

[13]Em francês, "Voltem todos a seus lugares!" [N. T.]

um amigo e profundamente prejudicial para nossa relação com ele. Ser prevenido e, portanto, estar preparado contra a aparência aparentemente contrária é bastante racional, se nossa crença for verdadeira; mas, se a nossa crença é uma ilusão, essa mesma prevenção e preparação seria obviamente o método pelo qual a ilusão se tornaria incurável. E, mais uma vez, estar ciente dessas possibilidades e ainda rejeitá-las é claramente o modo preciso, e o único modo, no qual nossa resposta pessoal a Deus pode se estabelecer. Nesse sentido, a ambiguidade não é algo que conflita com a fé, mas uma condição que torna a fé possível. Quando lhe pedem confiança, você pode dar ou recusar; não faz sentido dizer que você confiará se tiver certeza demonstrativa. Não haveria espaço para confiança se a demonstração fosse dada. Quando a demonstração é dada, o que restará será simplesmente o tipo de relação que resulta de ter confiado ou não ter confiado antes que ela fosse dada.

A afirmação "Felizes os que não viram e creram" não tem nada a ver com nosso assentimento original às proposições cristãs. Não foi dirigido a um filósofo que pergunta se Deus existe. Era dirigido a um homem que já cria nisso, que há muito tem familiaridade com uma Pessoa em particular, e evidência de que aquela Pessoa poderia fazer coisas muito *estranhas*, e que, então, se recusava a crer em mais uma coisa *estranha*, muitas vezes predita por aquela Pessoa e atestado por todos os seus amigos mais próximos. É uma repreensão não ao ceticismo no sentido filosófico, mas à qualidade psicológica

CAPÍTULO 3

Lírios que *apodrecem*

No "Cambridge Number" do *Twentieth Century* (1955),[1] John Allen[2] perguntou por que tantas pessoas "chegam a tais extremos para nos provar que realmente não são intelectuais e certamente não são cultas". Eu acredito que sei a resposta. Dois paralelos podem ajudar o leitor a entender o assunto.

Todos conhecemos aqueles que estremecem com a palavra *refinamento* como um termo de aprovação social.

---

[1] A revista mensal *The Twentieth Century* [O século XX] foi fundada em 1877 como *The Nineteenth Century* [O século XIX]; mudou de nome em 1901 para *The Nineteenth Century And After* [O século XIX e depois]; em 1951, tornou-se *The Twentieth Century*. Lewis escreveu dois artigos para ela; este é o primeiro. O "Cambridge Number" [Número de Cambridge], de fevereiro de 1955, é apresentado pelo editor como "o primeiro do que esperamos que seja uma pequena série de números especiais refletindo tendências de pensamento na Inglaterra de hoje". [N. T.]

[2] Na página 120 do "Cambridge Number", John Allen é chamado apenas de "um estudante". Sob o título "In Defence of Uncertainty" [Em defesa da incerteza], ele contribuiu com um dos dois artigos coletivamente intitulados "Two Student Protests" [Dois protestos estudantis]. [N. T.]

A última noite do mundo

Às vezes, eles expressam sua antipatia por esse uso, pronunciando-a, jocosamente, como *refanement*,[3] com a implicação de que é provável que seja mais comum na boca daqueles cuja fala tem certa vulgaridade envernizada. E suponho que todos nós possamos entender o estremecimento, quer o aprovemos ou não. Aquele que estremece sente que a qualidade da mente e do comportamento que chamamos de *refinada* é menos provável de ocorrer do que entre aqueles que visam e falam muito sobre o *refinamento*. Aqueles que têm essa qualidade não estão obedecendo a nenhuma ideia de *refinamento* quando se abstêm de ser arrogantes, de cuspir, de tirar proveito, de triunfar, de xingar, de gabar-se ou de contradizer-se. Esses modos de comportamento não lhes ocorrem como possíveis: se o fizerem, o treinamento e a sensibilidade que constituem o refinamento os rejeitariam como desagradáveis sem referência a qualquer ideal de conduta, assim como rejeitamos um ovo estragado sem referência a qualquer possível efeito seu em nosso estômago. O *refinamento*, na verdade, é um nome dado a certos comportamentos exteriores. Interiormente, não desponta como *refinamento*; na verdade, não desponta, não se torna, de modo algum, um objeto da consciência. Onde é mais nomeado está mais ausente.

Eu apresento meu próximo paralelo com muitos tipos diferentes de relutância. Mas penso que ele é esclarecedor

---

[3]Pronúncia britânica, sem paralelo em português, que dava um ar aristocrático a quem falava. [N. T.]

Lírios que apodrecem

demais para ser omitido. A palavra *religião* é extremamente rara no Novo Testamento ou nos escritos dos místicos. O motivo é simples. Essas atitudes e práticas às quais damos o nome coletivo da *religião* dificilmente estão, elas mesmas, relacionadas com a religião. Ser religioso é ter a atenção voltada para Deus e para o próximo em relação a Deus. Portanto, quase por definição, um homem religioso, ou um homem quando está sendo religioso, não está pensando em *religião*; ele não tem tempo para isso. *Religião* é como nós (ou ele mesmo, em um momento posterior) chamamos sua atividade vista de fora.

É claro que aqueles que desdenham as palavras *refinamento* e *religião* podem estar fazendo isso por motivos ruins: eles podem querer nos impressionar com a ideia de que são bem-educados ou santos. Essas pessoas estão tratando as conversas sobre *refinamento* ou *religião* simplesmente como sintomáticas de vulgaridade ou de mundanismo, e evitam o sintoma para se livrar da suspeita da doença. Mas há outros que sincera e (eu acredito) corretamente pensam que essa conversa não é apenas um sintoma da doença, mas uma causa ativa em sua produção. A conversa é inimiga da coisa de que se fala, capaz de estragá-la onde ela existe e de impedir seu nascimento onde está por nascer.

A *cultura*, por sua vez, parece pertencer à mesma classe de palavras perigosas e embaraçosas. Seja o que for que ela signifique, certamente cobre o profundo e genuíno desfrute da literatura e das outras artes. (Ao usar a palavra *desfrute*, não pretendo evitar a questão controversa sobre o papel do prazer em nossa experiência das artes. Quero

A última noite do mundo

dizer *frui*, não *delectari*; como ao falar de um homem "desfrutando" de boa saúde ou de uma propriedade.) Agora, se tenho certeza de alguma coisa no mundo, tenho certeza de que, enquanto um homem está, nesse sentido, desfrutando de *Don Giovanni* ou da *Oresteia*,[4] não está se importando nem um pouco com *cultura*. Cultura? A irrelevância disso! Pois, do mesmo modo que ser gordo ou inteligente significa ser mais gordo ou mais esperto que a maioria, ser *culto* significa ser mais do que a maioria; assim, a própria palavra arrasta a mente a comparações e a agrupamentos e a vida em sociedade. E o que tudo isso tem a ver com as trombetas que são tocadas quando a estátua entra, ou com Clitemnestra chorando: "Agora você me nomeou corretamente"?[5] Em *Howards End*, o Sr. E.M. Forster descreve brilhantemente uma garota ouvindo uma sinfonia.[6] Ela não está pensando sobre *cultura*, nem sobre "Música", nem mesmo sobre "esta música". Ela vê o mundo inteiro através da música. *Cultura*, como religião, é um nome dado de fora para atividades que não nada estão interessadas em *cultura*, e seriam arruinadas no momento em que estivessem.

---

[4]*Don Giovanni*: ópera de Mozart (1756—1791) apresentada pela primeira vez em 1787. *Oresteia* (ou *Oréstia*) é uma trilogia de tragédias do dramaturgo grego Ésquilo (c. 525 a.C.—c. 456 a.C.): *Agamêmnon*, *Coéforas* e *Eumênides*. [N. T.]

[5]Clitemnestra era, na mitologia grega, a esposa de Agamêmnon. A passagem é citação da obra de Ésquilo. [N. T.]

[6]No capítulo 5 do romance de Edward Morgan Forster (1879—1970), Helen Schlegel está ouvindo a *Quinta sinfonia* de Beethoven. [N. T.]

Lírios que apodrecem

Não quero dizer que nunca devamos falar de coisas de um ponto de vista exterior. Mas, quando as coisas são de grande valor e muito facilmente destruídas, devemos falar com muito cuidado, e talvez quanto menos falarmos, melhor. Estar constantemente envolvido com a ideia de *cultura* e (acima de tudo) de *cultura* como algo invejável, ou meritório, ou algo que confere prestígio, parece-me colocar em risco aqueles "desfrutes", os prazeres que são a principal razão de nós os valorizarmos. Se encorajarmos os outros, ou a nós mesmos, a ouvir, a ver ou a ler grandes obras de arte com base em ser isso algo *culto* a ser feito, chamamos para entrar em ação precisamente aqueles elementos em nós que devem estar em suspenso antes de podermos de fato apreciar a arte. Estamos chamando o desejo de autoaperfeiçoamento, o desejo de distinção, o desejo de se revoltar (com um grupo) e de concordar (com outro), e uma dúzia de paixões agitadas que, sejam boas ou más em si mesmas, são, em relação às artes, simplesmente uma distração cegante e paralisante.

Nesse ponto, alguns podem protestar que, por *cultura*, não estão se referindo aos "desfrutes", aos prazeres em si mesmos, mas a todo o hábito da mente que essas experiências, reagindo umas sobre as outras, e refletindo-se, constitui-se uma posse permanente. E alguns desejarão incluir a vida social sensível e enriquecedora que, pensam eles, surgirá entre grupos de pessoas que compartilham esse hábito mental. Mas essa reinterpretação me deixa com a mesma dificuldade. Consigo imaginar uma vida inteira desses prazeres levando um homem a tal hábito,

A última noite do mundo

mas com uma condição, a saber, que ele foi para as artes sem esse propósito. Aqueles que leem poesia para melhorar a mente nunca melhorarão a mente lendo poesia. Pois os prazeres verdadeiros devem ser espontâneos e sedutores, não visando a um fim mais remoto. As Musas não se submeterão a nenhum casamento de conveniência. O desejável hábito da mente, se é para vir, deve vir como um subproduto, não desejado. A ideia de fazer disso o alvo de alguém sugere aquela devastadora confidência que Goethe fez para Eckermann:[7] "Em todos os meus amores juvenis, o objetivo que eu tinha em vista era meu próprio enobrecimento". A isso, presumo, a maioria de nós responderia que, mesmo que acreditemos que um caso de amor possa enobrecer um jovem, temos certeza de que um caso de amor empreendido com esse fim falharia em seu objetivo. Porque, é claro, não seria verdadeiramente um caso de amor.

Isso é o suficiente quanto ao indivíduo. Mas as alegações feitas para o grupo "culto" levantam uma questão embaraçosa. Qual é, exatamente, a evidência de que a *cultura* produz uma vida social sensível e enriquecedora entre aqueles que a compartilham? Se por "sensível" entendemos

---

[7] Johann Peter Eckermann (1792—1854), poeta alemão, amigo de Johann Wolfgang von Goethe (1749—1832), escritor e estadista alemão, escreveu *Conversações com Goethe nos últimos anos de sua vida 1823—1832*, conversas que trataram sobretudo de literatura, mas também de pintura e artes em geral, ciências, filosofia, história, política, religião, além de questões práticas. Considerado por muitos como um dos maiores livros de prosa do século XIX. [N. T.]

Lírios que apodrecem

"sensível a afrontas reais ou imaginárias", Horácio observou há muito tempo que "os bardos são muito melindrosos".[8] A vida e os escritos dos humanistas da Renascença e a correspondência na maioria dos periódicos literários conceituados de nosso próprio século mostrarão que os críticos e os estudiosos também o são. Mas *sensíveis* nesse sentido não pode ser combinado com *enriquecedor*. Os egoísmos competitivos e ressentidos só podem empobrecer a vida social. A sensibilidade que enriquece deve ser do tipo que protege o homem de ferir os outros, não do tipo que o faz pronto para se sentir ferido. Entre essa sensibilidade e *cultura*, minha própria experiência não sugere nenhuma conexão causal. Eu a tenho encontrado frequentemente entre os incultos. Entre os cultos, eu a tenho encontrado às vezes, e, às vezes, não.

Sejamos honestos. Eu afirmo ser um dos cultos, e não tenho a intenção de difamar minha própria turma. Mesmo que essa afirmação não seja permitida, pelo menos vivi entre eles, e não denegriria meus amigos. Mas estamos falando aqui entre nós mesmos, a portas fechadas. A franqueza é melhor. O verdadeiro traidor de nossa ordem não é o homem que fala, dentro dessa ordem, de suas falhas, mas o homem que elogia nossa autocomplacência corporativa. Admito de bom grado que contamos entre nós homens e mulheres cujas modéstia, cortesia, imparcialidade, paciência nas discussões e prontidão para

---

[8] *Epístola* II.2 ("Para Floro"), 102.

A última noite do mundo

ver o ponto de vista de um antagonista são totalmente admiráveis. Tenho a sorte de tê-los conhecido. Mas também devemos admitir que mostramos uma porcentagem tão alta quanto em qualquer grupo de valentões, paranoicos e poltrões, de caluniadores, exibicionistas, palermas, covardes e chatos pelos séculos dos séculos. A grosseria que transforma todos os argumentos em disputa não é realmente mais rara entre nós do que entre os subalfabetizados; o inquieto complexo de inferioridade ("severo para infligir", mas não "inflexível para suportar")[9] que sangra com um toque, mas arranha como um gato selvagem é quase tão comum entre nós quanto entre as garotas de escola.

Se você duvida disso, faça um experimento. Pegue qualquer um dos que mais exaltam os efeitos de ajuste, limpeza, libertação e civilização da *cultura* e pergunte a ele sobre outros poetas, outros críticos, outros estudiosos, não em grupo, mas um por um e nome pelo nome. Nove em cada dez vezes ele negará a cada um o que reivindicou para todos. Certamente, ele apresentará raros casos em que, por sua própria evidência, a *cultura* teve seus resultados alardeados. Às vezes, suspeitamos que ele possa pensar em apenas um. A conclusão mais natural a ser extraída de suas observações é que o louvor que nossa ordem pode afirmar com mais segurança é aquele que o Dr. Johnson

---

[9]Citado do poema "To A. S. Cottle from Robert Southey" [Para A. S. Cottle, de Robert Southey], do poeta inglês Robert Southey (1774—1843). [N. T.]

Lírios que apodrecem

deu aos irlandeses: "Eles são pessoas honestas; nunca falam bem uns dos outros."[10]

É, então (na melhor das hipóteses), extremamente duvidoso que a *cultura* produza alguma daquelas qualidades que permitirão às pessoas se associarem umas às outras de modo gracioso, leal, compreensível e com prazer permanente. Quando disse que ela "suavizou nossas maneiras",[11] Ovídio estava lisonjeando um rei bárbaro. Mas, mesmo que a *cultura* fizesse todas essas coisas, não poderíamos abraçá-la por causa delas. Isso seria usar autoconsciente e conscientemente, como meio para fins estranhos, coisas que devem perder todo o seu poder de conduzir a esses fins pelo próprio fato de serem assim usadas. Muitos expoentes modernos da *cultura* parecem-me ser "impudentes" no sentido etimológico; eles são carentes de *pudor*, eles não têm timidez onde os homens devem ser tímidos. Eles lidam com as coisas mais preciosas e frágeis com a aspereza de um leiloeiro e falam de nossas experiências mais intensamente solitárias e fugazes como se estivessem nos vendendo um aspirador de pó. Tudo isso está muito bem resumido na frase do Sr. Allen, no *Twentieth Century*: "A fé na cultura". A "fé na cultura" é tão ruim quanto a fé na religião; ambas expressões implicam

---

[10] *The Life of Samuel Johnson* [A vida de Samuel Johnson], publicada em 1791, é uma biografia do Dr. Samuel Johnson (1709—1784), escritor, poeta, ensaísta, crítico literário e lexicógrafo inglês, escrita por James Boswell (1740—1795), biógrafo e diarista escocês. [N. T.]

[11] *Epistulae ex Ponto* II.9, 47-48, do poeta romano Ovídio (43 a.C.—18 d.C.). [N. T.]

A última noite do mundo

um afastamento daquelas coisas precisas a respeito das quais a cultura e a religião são. "Cultura", como um nome coletivo para certas atividades muito valiosas, é uma palavra permissível; mas a *cultura* hipostasiada, definida por si mesma, transformada em fé, causa, bandeira, "plataforma", é insuportável, pois nenhuma das atividades em questão dá importância a essa fé ou causa. É como um retorno à antiga religião semítica, em que se consideravam os nomes como tendo poderes por si mesmos.

Agora, um passo adiante. Allen se queixou de que, não contentes em nos esgueirar para fora do alcance da voz quando já não podemos mais tolerar as vozes de certos negociantes de *cultura*, então, nós maliciosamente associamo-nos, ou fingimos nos associar, com o mais inculto dos incultos e simulamos compartilhar seus prazeres. Há neste ponto (ainda na p. 127) um bom número de alusões que passam por cima de minha cabeça. Não sei o que é AFN,[12] não gosto de adegas e o uísque moderno não combina com meu bolso, meu paladar ou minha digestão. Mas acho que sei o tipo de coisa que ele tem em mente, e acho que posso explicar. Como antes, vou começar com um paralelo. Suponha que você tivesse passado uma noite entre esnobes muito jovens e muito evidentes, que fingiam desfrutar de um excelente vinho do Porto — embora

---

[12]Provável menção à American Forces Network (Rede das Forças americanas), um serviço de rádio para as Forças Armadas americanas na Europa. Ele oferecia, aos ouvintes britânicos, o único acesso à música popular americana "inculta". [N. T.]

Lírios que apodrecem

qualquer um que os conheça pudesse ver muito bem que, se alguma vez na vida eles beberam vinho do Porto, esse veio de uma mercearia. Então, suponha que, em seu caminho de volta para casa, você entrou em uma pequena e imunda loja de chá e ouviu um velho corpo em um boá de plumas dizer para outro velho corpo, com um estalo dos lábios: "Essa xícara de chá, querida, estava muito boa, estava, sim. Ela me fez bem." Você não sentiria, naquele momento, que isso era como o ar fresco da montanha? Pois ali, finalmente, haveria algo real. Ali estaria uma mente realmente preocupada com aquilo com que expressava preocupação. Ali haveria prazer, haveria uma experiência decorosa, espontânea e irresistível, direto da fonte. "Um cachorro vivo é melhor do que um leão morto!" [Ec 9:4]. Da mesma forma, depois de certo tipo de festa com xerez, na qual houve cataratas de *cultura*, mas nunca uma palavra ou um olhar que sugerisse um verdadeiro desfrute de qualquer arte, de qualquer pessoa ou de qualquer objeto natural, meu coração se aquece com o estudante no ônibus que está lendo *Fantasy and Science Fiction*[13] [Fantasia e ficção científica], arrebatado e alheio a todo o mundo a seu redor. Pois aqui também eu deveria sentir que encontrei algo real, vivo e não fabricado; uma experiência literária verdadeira, espontânea e irresistível, desinteressada. Eu deveria ter esperanças com aquele menino. Aqueles que

---

[13]Revista americana que começou como trimestral em 1949 e se tornou mensal em 1952. Lewis publicou duas histórias de ficção científica pela primeira vez nessa revista. [N. T.]

muito se importaram com qualquer livro possivelmente virão se importar, algum dia, com bons livros. Os órgãos de apreciação existem neles. Eles não são impotentes. E, mesmo que esse garoto em particular nunca goste de nada mais do que ficção científica; mesmo assim,

A criança cujo amor está aqui, pelo menos, colhe
Um ganho precioso, que esquece de si mesmo.[14]

Eu ainda deveria preferir o cachorro vivo ao leão morto; talvez, até mesmo, o cão selvagem ao *poodle* ou ao pequinês superdomesticado.

Eu não deveria ter gasto tantas palavras para responder à pergunta do Sr. Allen (nenhum de nós se importa o suficiente para justificar isso), a menos que eu pense que a discussão tenha levado a algo com mais consequências. Tentarei agora desenvolver isso. O Sr. Forster[15] se sente ansioso porque teme a teocracia. Agora, se ele espera ver uma teocracia estabelecida na Inglaterra moderna, eu mesmo acredito que sua expectativa seja totalmente quimérica. Mas quero deixar bem claro que, se eu pensasse que a coisa é minimamente provável, eu deveria sentir o mesmo que ele. Aceito plenamente a máxima (que ele toma emprestada de um cristão) de que "todo poder

---

[14]*The Prelude* [O prelúdio] (1805), Livro 5, "Books" [Livros], linhas 345-346, de William Wordsworth (1770—1850), considerado por muitos o maior poeta romântico inglês. [N. T.]
[15]Citado no início do capítulo. [N. T.]

Lírios que apodrecem

corrompe".[16] Eu iria mais longe. Quanto mais altas as pretensões do poder, mais intrometido, desumano e opressivo ele será. Teocracia é o pior de todos os governos possíveis. Todo o poder político é, na melhor das hipóteses, um mal necessário, mas é menos mau quando suas sanções são mais modestas e comuns, quando afirma que não é mais do que útil ou conveniente e coloca para si mesmo objetivos estritamente limitados. Qualquer coisa transcendental ou espiritual, ou mesmo qualquer coisa muito fortemente ética em suas pretensões é perigosa e encoraja-o a se intrometer em nossa vida privada. Deixe o sapateiro agarrar-se à sua fôrma de sapateiro. Assim, a doutrina renascentista do Direito Divino[17] é para mim uma corrupção da monarquia; a vontade geral de Rousseau,[18] da democracia; os misticismos raciais, da nacionalidade. E a teocracia, eu admito e até insisto, é a pior corrupção de todas. Mas eu não penso que estamos em perigo com respeito a ela. O que penso é que estamos realmente em perigo de algo que seria apenas um grau menos intolerável,

---

[16] O historiador britânico John Emerich Edward Dalberg-Acton (1834—1902) em uma carta para o bispo Mandell Creighton, em 3 de abril de 1887: "O poder tende a corromper, e o poder absoluto corrompe absolutamente". [N. T.]

[17] Alusão à crescente tendência da teoria política do final da Idade Média e do início da Era Moderna de considerar que o rei tem uma posição acima da lei. [N. T.]

[18] Jean-Jacques Rousseau (1712—1778), filósofo social, teórico político e escritor suíço, em *O contrato social*, apresenta a "vontade geral" como a vontade da sociedade civil, entendida não como um conjunto de indivíduos organizados, mas como uma pessoa coletiva. [N. T.]

A última noite do mundo

e intolerável quase da mesma maneira. Eu chamaria isso de carientocracia; não o domínio dos santos, mas a regra dos χαρίεντες,[19] os *venustiores*,[20] o Hotel de Rambouillet,[21] a Perspicácia, o Polido, as "Almas",[22] os "Apóstolos",[23] o Sensível, o *Culto*, o Integrado, ou seja qual for a palavra-chave mais recente. Explicarei como penso que poderia acontecer.

As velhas classes sociais se dissolvem. Dois resultados se seguem. Por um lado, uma vez que a maioria dos homens, como observou Aristóteles, não gosta de ser apenas igual a todos os outros homens, encontramos todo tipo de pessoa edificando-se em grupos dentro dos quais possa se sentir superior à massa; pequenas aristocracias não oficiais e autonomeadas. Os *Cultos* cada vez mais formam um grupo assim. Observe a tendência deles de usar o termo social *vulgar* com respeito àqueles que discordam deles. Note que

---

[19]Em grego, *carientes* (da mesma raiz de carisma, carismático): atraentes, talentosos, homens de cultura ou de bom gosto. [N. T.]

[20]Em latim, charmosos, atraentemente belos. [N. T.]

[21]Um salão literário parisiense do século XVII, dirigido por Catherine de Vivonne, Marquesa (Madame) de Rambouillet. [N. T.]

[22]Grupo social informal, mas distinto da Inglaterra no final do século XIX e início do XX. Originou-se do desejo de alguns políticos e intelectuais que queriam ter vida social em que as pessoas evitassem falar sobre o movimento que exigia a autonomia interna da Irlanda dentro do Império Britânico. Uma das primeiras "Almas" foi Arthur James Balfour, mais tarde primeiro-ministro e ministro dos Negócios Estrangeiros, autor de *Theism and Humanism* [Teísmo e humanismo], um livro que Lewis valorizava grandemente. [N. T.]

[23]Os Apóstolos de Cambridge era uma sociedade intelectual (principalmente de estudantes que não haviam colado grau) da Universidade de Cambridge, fundada em 1820, da qual E. M. Forster era membro. [N. T.]

Lírios que apodrecem

o Sr. Allen falou de rebeldes contra, ou desertores desse grupo como se estivesse negando, não que eles sejam "intelectuais", mas que eles são "intelectuais", não escondendo uma qualidade, mas depreciando a inclusão em uma classe. Por outro lado, inevitavelmente, está surgindo uma nova classe dominante, real: a que tem sido chamada de Classe Gerencial.[24] A coalescência destes dois grupos, a aristocracia não oficial e autonomeada dos *Cultos* e os reais governantes Gerenciais, levar-nos-á à carientocracia.

Mas os dois grupos já estão coalescendo, porque a educação é cada vez mais o meio de acesso à Classe Gerencial. E, claro, a educação, em certo sentido, é um meio muito apropriado de acesso; nós não queremos que nossos governantes sejam estúpidos. Mas a educação está começando a ter um novo significado. Ela aspira fazer, e pode fazer, muito mais pelo aluno do que a educação (exceto, talvez, a dos jesuítas) jamais fez antes.

Por um lado, o aluno está agora muito mais indefeso nas mãos de seus professores. Ele vem cada vez mais de apartamentos de empresários ou de casas de operários em que há poucos livros ou nenhum. Ele quase nunca esteve sozinho. A máquina educativa apreende-o muito cedo e organiza toda a sua vida, excluindo toda solidão ou o lazer não supervisionado. As horas de leitura não patrocinada, não inspecionada, talvez até proibida, as divagações e os "pensamentos

---

[24] O termo pode ter-se tornado comum a partir da ampla discussão da análise social e política feita pelo autor americano James Burnham (1905—1987) no livro *The Managerial Revolution* [A revolução gerencial]. [N. T.]

A última noite do mundo

longos, longos"[25] em que as gerações mais afortunadas descobriram a literatura e a natureza, e elas próprias são coisa do passado. Se um Traherne[26] ou um Wordsworth nascesse hoje, ele seria "curado" antes dos doze anos. Em suma, o aluno moderno é o paciente ideal para aqueles mestres que, não contentes em ensinar um assunto, criariam um personagem: Massa de Modelar desamparada. Ou, se por acaso (pois a natureza será a natureza), ele pudesse ter qualquer poder de resistência, os mestres saberiam como lidar com ele. Eu chegarei a esse ponto em um momento.

Em segundo lugar, a natureza do ensino mudou. Em certo sentido, mudou para melhor; isto é, exige muito mais do mestre e, em compensação, torna seu trabalho mais interessante. Tornou-se muito mais íntimo e penetrante; mais interior. Não contente em ter certeza de que o aluno leu o texto e dele lembrou, deseja ensiná-lo a apreciar. Parece difícil discutir com o que, a princípio, parece um objetivo tão razoável. No entanto, há um perigo nisso. Todos agora riem da velha prova com suas perguntas de contexto e coisas do tipo, e as pessoas perguntam: "Quão bom pode esse tipo de coisa fazer a um menino?" Mas certamente exigir que a prova faça o menino bom é como

---

[25]De *My Lost Youth* [Minha juventude perdida], do poeta americano Henry Wadsworth Longfellow (1807—1882). Cada uma das dez estrofes do poema termina com as linhas "A vontade de um menino é a vontade do vento, / E os pensamentos da juventude são pensamentos longos, longos". [N. T.]

[26]Thomas Traherne (c. 1636—1674), poeta, clérigo, teólogo e escritor religioso inglês, autor de *Centuries of Meditations* [Centúrias de meditação], considerado por Lewis como um dos mais belos livros em inglês.

Lírios que apodrecem

exigir que um termômetro aqueça uma sala. Era a leitura do texto que deveria fazer o menino bom; você faz a prova para descobrir se ele o leu. E só porque a prova não forçava o menino a produzir ou fingir apreciação, ela deixava-o livre para desenvolver — em particular, espontaneamente, como uma atividade extraescolar que nunca ganharia qualquer nota — tanto apreço quanto ele pudesse. Esse era um assunto particular entre ele e Virgílio ou entre ele e Shakespeare. Nove em cada dez vezes, provavelmente, nada aconteceu. Mas sempre que a apreciação ocorreu (e certamente às vezes acontecia), ela era verdadeira; adequada à idade e ao caráter do menino; não exótica, mas o crescimento saudável em seu solo nativo e no clima. Mas quando substituímos as antigas e frias provas pelos exercícios em "crítica prática",[27] surge uma nova situação. O menino não obterá boas notas (o que significa, em longo prazo, que ele não entrará na Classe Gerencial), a menos que produza o tipo de respostas e o tipo de método analítico que se recomendam ao seu professor. Isso significa, na melhor das hipóteses, que ele é treinado para a antecipação precoce de respostas e de um método inadequado para sua idade. Na pior das hipóteses, significa que ele é treinado na arte (não muito difícil) de simular as respostas ortodoxas. Pois quase todos

---

[27] Alusão a *Practical Criticism* [Crítica prática], do crítico literário inglês I. A. Richards (1893—1979). Lewis se opunha a que se tornasse a crítica literária "prática", no sentido de um evento de carreira. Na verdade, ela nutria completa antipatia pela Nova Crítica de sua época, da qual Richards foi um dos fundadores. [N. T.]

A última noite do mundo

os meninos são bons imitadores. Conte com isto: depois de você estar ensinando há menos de um semestre, todos na classe saberão muito bem "o tipo de coisa que cai bem com o professor Olho-Esbugalhado Estressadinho". Nos velhos tempos não refinados, eles sabiam o que "caía bem", e a única "coisa que caía bem" eram respostas corretas para questões factuais, e havia apenas duas maneiras de produzi-las: trabalhar ou trapacear.

A coisa não seria tão ruim se as respostas que os alunos tinham de dar fossem mesmo as do seu mestre particular. Mas nós já passamos desse estágio. Em algum lugar (eu ainda não o localizei) deve haver uma espécie de agência central de negociantes de *cultura* que mantém um olhar aguçado para os desviacionistas. Pelo menos, há certamente alguém que envia folhetos aos diretores, imprimindo meia dúzia de poemas em cada um e dizendo ao mestre não apenas o que os alunos devem preferir, mas exatamente em que bases. (O despropósito disso! Nós sabemos o que Mulcaster[28] ou Boyer[29] teriam feito com esses panfletos.)

---

[28]Richard Mulcaster (c. 1531—1611), educador e diretor de escola inglês cujas teorias pedagógicas só foram amplamente aceitas 250 anos após sua morte. Desempenhou um papel marcante na educação do poeta Edmund Spenser (c. 1552—1599), autor de *The Faerie Queene* [A rainha das fadas], poema épico e alegoria fantástica que celebra a dinastia Tudor e Elizabeth I. [N. T.]

[29]O rev. James Boyer (1736—1814) foi o diretor do Hospital de Cristo, uma "escola pública" na Inglaterra, entre 1778 e 1799, quando Samuel Taylor Coleridge (1772-1834), Charles Lamb (1775-1834) e James Leigh Hunt (1784-1859) (importantes escritores ingleses) eram alunos. [N. T.]

Lírios que apodrecem

Assim, dizer que, sob o regime nascente, somente a educação levará você para a classe dominante não pode significar simplesmente que a incapacidade de adquirir certo conhecimento e alcançar certo nível de competência intelectual o excluirá. Isso seria razoável o suficiente. Mas pode significar, talvez já signifique, algo mais. Isso quer dizer que você não pode entrar sem se tornar, ou sem fazer seus mestres acreditarem que você se tornou, um tipo muito específico de pessoa: aquele que dá as respostas certas para os inquiridores certos. De fato, você pode entrar apenas se tornando, no sentido moderno da palavra, *culto*. Essa situação deve ser diferenciada daquela que costuma ocorrer antes. Quase todas as classes dominantes, mais cedo ou mais tarde, num grau ou outro, adotaram a *cultura* e patrocinaram as artes. Mas, quando isso acontece, a *cultura* é o resultado de sua posição, apenas um dos luxos ou privilégios de sua ordem. A situação que estamos enfrentando agora será quase o oposto. A entrada na classe dominante será a recompensa da *cultura*. Assim chegamos à carientocracia.

Não é só a coisa que provavelmente acontecerá; já está planejado e declarado. O Sr. J.W. Saunders definiu tudo isso em um excelente artigo intitulado "Poetry in the Managerial Age" [Poesia na era gerencial] (*Essays in Criticism*[30] [Ensaios sobre crítica], iv, 3, julho de 1954). Ali, ele encara o fato de que os poetas modernos são lidos

---

[30]Jornal de crítica literária fundado em 1951 por Frederick (Noel) Wilse Bateson (1901—1978), crítico e professor de literatura inglesa. [N. T.]

A última noite do mundo

quase exclusivamente uns pelos outros. Ele procura um remédio. É claro que ele não afirma que os poetas devam fazer algo a respeito. Pois é considerado básico por toda a *cultura* de nossa era que sempre que artistas e público perdem contato, a falha deve estar totalmente do lado do público. (Eu nunca encontrei o grande trabalho pelo qual essa importante doutrina é provada.) O remédio que ocorre ao Sr. Saunders é que devemos dar a nossos poetas uma audiência conscrita; um privilégio desfrutado pela última vez, acredito eu, por Nero. E ele nos diz como isso pode ser feito. Nós obtemos nossos "coordenadores" por meio da educação: bom resultado nos exames é o caminho para a classe dominante. Tudo o que precisamos, portanto, é fazer não apenas a poesia, mas "a disciplina intelectual que a leitura crítica da poesia pode promover", a espinha dorsal do nosso sistema educacional. Em outras palavras, a crítica prática, ou algo do tipo, exercida, sem dúvida, principalmente sobre os poetas modernos, deve ser o assunto indispensável, em que, se você falhar, está excluído da Classe Gerencial. E assim nossos poetas obtêm seus leitores conscritos. A cada menino ou menina que nasce é apresentada a escolha: "Leia os poetas a quem nós, os *cultos*, aprovamos e diga o tipo de coisas que dizemos sobre eles, ou seja um membro da classe operária." E isso (retomando um ponto anterior) mostra como a carientocracia pode lidar com a minoria de alunos que têm gostos próprios e não são pura Massa de Modelar. Eles recebem notas baixas. Você os tira da escalada educacional em um patamar baixo, e eles desaparecem no proletariado.

Lírios que apodrecem

Outra vantagem é que, além de fornecer aos poetas uma audiência conscrita para o momento, você pode assegurar que a dinastia literária reinante reinará quase para sempre. Pois os desviacionistas que você expulsou da escalada certamente incluirão todos aqueles tipos problemáticos que, em épocas anteriores, estavam aptos a iniciar novas escolas e novos movimentos. Se houvesse uma carientocracia saudável em seus dias, o jovem Chaucer, o jovem Donne, o jovem Wordsworth e Coleridge poderiam ter sido tratados de acordo. E assim, a história literária, como a conhecemos no passado, pode chegar ao fim. O homem literário, por tanto tempo um animal selvagem, terá se tornado um homem manso.

Tendo explicado por que penso que uma carientocracia é provável, devo concluir explicando por que eu a considero indesejável.

Cultura é uma qualificação ruim para uma classe dominante, pois não qualifica os homens para governar. As coisas de que realmente precisamos em nossos governantes — misericórdia, integridade financeira, inteligência prática, trabalho árduo e afins — não são mais provavelmente encontradas em pessoas cultas do que em qualquer outra pessoa.

Cultura é uma má qualificação da mesma forma que a santidade. Ambas são difíceis de diagnosticar e fáceis de fingir. É claro que nem todo carientocrata será um hipócrita cultural, nem todo teocrata, um Tartufo.[31] Mas

---

[31]O personagem principal, um religioso bastante hipócrita e inescrupuloso, da comédia *Tartufo*, do dramaturgo francês Molière (1622—1673). [N. T.]

A última noite do mundo

ambos os sistemas encorajam a hipocrisia e tornam mais difícil a busca desinteressada da qualidade que eles professam valorizar.

Mas a hipocrisia não é o único mal que eles encorajam. Há na *cultura*, como na piedade, estados que, se menos culpados, não são menos desastrosos. Em uma, temos o "certinho": o jovem dócil que não se revoltou nem subiu acima dos pietismos e das respeitabilidades rotineiros de seu lar. Sua conformidade ganhou a aprovação dos pais, dos vizinhos influentes e de sua própria consciência. Ele não sabe que perdeu alguma coisa e está contente. Na outra, temos a juventude adaptável a quem a poesia sempre foi algo "definido" para "avaliação". O sucesso nesse exercício lhe deu prazer e a deixou entrar na classe dominante. Ela não sabe o que perdeu, não sabe que a poesia já teve outro propósito, e está contente.

Ambos os tipos são dignos de pena, mas ambos podem ser muito desagradáveis. Ambos podem exibir orgulho espiritual, mas cada um em sua própria forma, uma vez que uma conseguiu por aquiescência e repressão, mas, a outra, pela vitória repetida em atividades competitivas. Para o orgulho de uma, astuta, tímida e reservada, poderíamos aplicar a palavra do Sr. Allen: "presunçosa" (especialmente se dermos a ela um pouco de seu sentido antigo). Meu epíteto para a outra seria, penso eu, "arrogante". Ela tende, em minha experiência, a ser crua e truculenta, ansiosa por provocar dor, insaciável em suas demandas por submissão, ressentida e desconfiada de discordância. Onde o certinho anda furtivamente, de lado, e ronrona (e às vezes

Lírios que apodrecem

se esfrega) como um gato, sua contraparte no grupo dos *cultos* canta como um galo enfurecido. E talvez ambos os tipos sejam menos curáveis do que o próprio hipócrita. Um hipócrita pode (concebivelmente) se arrepender e emendar-se, ou pode ser desmascarado e tornado inócuo. Mas quem poderia trazer ao arrependimento, e quem pode desmascarar aqueles que não estavam tentando enganar? Aqueles que não sabem que não são reais, pois não sabem que alguma vez houve algo real?

Por fim, chego ao ponto em que minhas objeções à teocracia e à carientocracia são quase idênticas. "Lírios que apodrecem fedem muito mais que as ervas daninhas."[32] Quanto mais altas forem as pretensões de nossos governantes, mais intrometido e impertinente será seu governo e mais a coisa em cujo nome eles governam será corrompida. As coisas mais altas têm o mais precário ponto de apoio em nossa natureza. Ao tornar a santidade ou a cultura uma *moyen de parvenir*,[33] você ajuda a expulsá-las do mundo. Que nossos mestres deixem essas duas, pelo menos, sozinhas; deixem-nos alguma região onde o espontâneo, o não comercializável, o totalmente privado, ainda possa existir.

Tanto quanto eu possa perceber, o Sr. Allen ficou aquém dos objetivos quando falou de um "recuo da fé na cultura". Eu não quero recuo; eu quero ataque ou, se você preferir a palavra, rebelião. Escrevo na esperança de despertar outros

---

[32]Soneto 94, última linha, de William Shakespeare. [N. T.]
[33]Em francês, "maneira de alcançar". [N. T.]

A última noite do mundo

a se rebelarem. Tanto quanto eu possa ver, a questão não tem nada a ver com a diferença entre cristãos e aqueles que (infelizmente, desde que a palavra tem carregado um significado conveniente, e totalmente diferente) têm sido chamados de "humanistas". Espero que distrações não sejam trazidas à discussão. Eu ficaria feliz em acreditar que muitos ateus e agnósticos importam-se com as coisas com que eu me importo. É para eles que escrevi. Para eles eu digo: a "fé na cultura" vai estrangular todas essas coisas a menos que possamos estrangulá-la primeiro. E não há tempo a perder.

CAPÍTULO 4

Maldanado
propõe um brinde

O cenário é o Inferno, no jantar anual da Academia de Treinamento de Tentadores para jovens demônios. O diretor, Dr. Remeleca, acabou de brindar à saúde dos seus convidados. Maldanado, que é o convidado de honra, levanta-se para responder:

Sr. Diretor, Vossa Eminência, Vossas Desgraças, queridos Espinhosos, Sombrios e Gentis-Demônios:

É costume, nessas ocasiões, que o orador se dirija principalmente àqueles entre vocês que acabaram de se graduar e que assumirão muito em breve o posto oficial de Tentador na Terra. E trata-se de um costume ao qual vou me submeter voluntariamente. Lembro-me muito bem do quanto eu tremia enquanto esperava a minha primeira nomeação. Espero e acredito que cada um de vocês esteja nessa mesma expectativa. Sua carreira está diante de vocês. O Inferno espera e exige que ela seja — como foi a minha — de sucesso estrondoso e contínuo. Se não for, vocês sabem o que os espera.

A última noite do mundo

Não desejo reduzir o elemento de terror pleno e realista, a perseverante ansiedade, que deve agir como chicote e esporão para os seus esforços. Quantas vezes vocês vão invejar os humanos por sua capacidade de dormir! Ainda assim, ao mesmo tempo, desejo colocar diante de vocês uma visão moderadamente encorajadora da situação estratégica como um todo.

Seu temido Diretor nos brindou com um discurso cheio de questões que incluíam um pedido de desculpas pelo banquete que ele colocou diante de nós. Bem, gentis-demônios, a culpa não é *dele*. Mas seria vão negar que as almas humanas em cuja angústia nos banqueteamos nessa noite eram de péssima qualidade. Nem mesmo as maiores habilidades culinárias de nossos atormentadores as tornaria menos insípidas.

Ah, como seria maravilhoso poder abocanhar novamente um Farinata[1], um Henrique VIII[2] ou mesmo um Hitler! Eles eram realmente crocantes; uma fúria, um egocentrismo, uma crueldadezinha que só perde mesmo em robustez para as nossas. Eles impunham uma deliciosa

---

[1]Farinata degli Uberti (1212—1264) foi um aristocrata e líder militar italiano declarado herege pelo Tribunal da Santa Inquisição após a sua morte. Aparece no volume "Inferno" da obra *Divina Comédia*, de Dante Aliguieri. [N. E.]

[2]Henrique VIII (1491—1547) foi o rei da Inglaterra entre 1509 e sua morte, em 1547. Seu casamento com seis mulheres diferentes e a criação da Igreja Anglicana durante o seu reinado fizeram dele um dos monarcas mais famosos da história. De sua união com Ana Bolena (1533—1536), nasceu a rainha Elizabeth I (1533—1603). [N. E.]

Maldanado propõe um brinde

resistência ao serem devorados e aqueciam nossas entranhas ao serem engolidos.

Em vez disso, qual foi o cardápio de hoje? Tivemos uma autoridade municipal ao molho de corrupção. Mas, particularmente, não pude detectar nele nenhum sabor de avareza realmente apaixonada e brutal, tais como as que curtíamos nos grandes magnatas do século passado. Será que ele não era inequivocamente um homem baixo — uma criatura mesquinha, enriquecida por lucros ilícitos, com bolsos cheios de piadinhas medíocres da vida privada e de subornos que eram negados em seus discursos públicos repletos de insípida trivialidade —, uma pessoinha imunda e insignificante que se afundou na corrupção, que só se percebe corrupta quando faz o que todo mundo faz? Depois desse prato, tivemos o cozido de adúlteros. Será que vocês conseguiriam distinguir nesse prato algum traço de luxúria plenamente inflamada, desafiadora, rebelde e insaciável? Eu não pude degustá-lo. Para mim, todos eles tinham gosto de imbecis subssexuados, que cambaleavam ou saltitavam para a cama errada em resposta automática a propagandas sexies, ou para fazê-los se sentirem modernos e emancipados, ou para se reafirmarem quanto à sua virilidade ou sua "normalidade", ou mesmo porque não tinham nada melhor para fazer. Francamente, no meu caso, que já provei uma Messalina[3] ou

---

[3]Valéria Messalina (c. 17 d.C.—c. 48 d.C.) foi a terceira esposa do imperador Cláudio (c. 10 a.C—c. 54d.C.). Era conhecida pela sua promiscuidade, ainda que esta reputação pode ter criada pelos seus inimigos, que desejavam enfraquecer sua influência política na Roma Antiga. [N. E.]

A última noite do mundo

um Casanova[4], aquele cozido era de dar náuseas. O sindicalista acompanhado de uma guarnição de conversa fiada talvez fosse um pouquinho melhor. Ele causou um verdadeiro dano. Trabalhou, não completamente inconsciente do que fazia, para causar derramamento de sangue, fome e a extinção da liberdade. Sim, de certa forma, foi isso mesmo o que ele fez. E como fez! Ele pensava muito pouco nesses objetivos supremos. Tudo o que dominava a sua vida era a obediência ao partido, a importância que atribuía a si mesmo e, acima de tudo, a mera rotina.

Mas aqui vem o *xis* da questão. Do ponto de vista gastronômico, tudo isso é deplorável. Mas espero que nenhum de nós ponha a gastronomia em primeiro lugar. Será que ela não é, em outro sentido, muito mais séria, cheia de esperança e de promessas?

Considere, primeiro, a mera quantidade. A qualidade pode mostrar-se sofrível, mas nunca tivemos uma abundância maior de almas (desse tipo) do que agora.

E aí está o nosso triunfo. Somos tentados a dizer que almas assim — ou os poços de lama do que outrora já foram almas — mal valem a pena serem condenadas ao Inferno. Sim, mas o Inimigo (qualquer que seja o motivo, inescrutável e perverso) considerou-os dignos do esforço de serem salvos. Acreditem, ele foi mesmo capaz de tal

---

[4]Giacomo Girolamo Casanova (1725—1798), escritor e aventureiro italiano. Ficou conhecido pelos seus inúmeros casos de amor, descritos na sua autobiografia *A história da minha vida*. Por isso, seu nome tornou-se sinônimo de sedutor e promíscuo. [N. E.]

Maldanado propõe um brinde

coisa. Vocês, jovenzinhos, que ainda não estão ativamente engajados, não fazem ideia do tamanho do esforço e da suave habilidade necessários para capturar cada uma dessas criaturinhas miseráveis.

A dificuldade está em sua pequenez e debilidade. Eram vermes de mente tão confusa, tão passivamente responsiva ao ambiente, que foi com esforço hercúleo que os elevamos àquele nível de clareza e de deliberação, na qual lhes fosse possível cometer um pecado mortal. O negócio era elevá-los o bastante, mas nenhum milímetro a mais, que já chegaria ao "excesso". Pois, se chegasse a esse ponto, é claro que tudo estaria possivelmente perdido. Uma venda poderia ter-lhe caído dos olhos; eles poderiam vir a se arrepender. Por outro lado, se sua elevação ficasse aquém, muito possivelmente eles teriam se qualificado para o Limbo como criaturas que não eram adequadas nem para o Céu nem para o Inferno; coisas que, tendo falhado em obter o grau, são deixadas para afundar, para sempre, numa sub-humanidade mais ou menos satisfeita.

Em cada indivíduo, a escolha pelo que o Inimigo chamaria de caminho "errado" dificilmente se atribui, se é que se pode atribuir, a um estado de completa responsabilidade espiritual. Eles não entendem nem a fonte, nem o caráter real das proibições que estão violando. Suas consciências quase inexistem fora do contexto da atmosfera social que as envolvem. E é claro que conseguimos que sua própria linguagem ficasse toda maculada e confusa: o que seria um *suborno* na profissão de um deles é formulado como uma pequena *gratificação* ou *presente* na dos outros. O primeiro

A última noite do mundo

trabalho dos tentadores é o de consolidar essas escolhas das estradas para o Inferno e torná-las um hábito por meio das constantes repetições. Mas, em seguida (e isso era o mais importante), é preciso transformar o hábito em um princípio — um princípio que a criatura esteja preparada para defender. Depois disso, tudo andará bem. A conformidade para com o ambiente social, primeiro meramente instintiva ou mesmo mecânica — afinal, como é que uma gelatina poderia não se conformar ao seu meio? — se torna então um credo ou um ideal não reconhecido de pertencimento ou de ser igual a um grupo. A mera ignorância da lei que eles transgrediram se tornou uma teoria vaga a esse respeito — lembre-se de que eles não entendem nada de história —, uma teoria expressamente chamada de "moralidade", seja a *convencional*, a *puritana* ou a *burguesa*. Assim, gradativamente, vem a existir no centro da criatura um núcleo duro, apertado e ajustado, de resolução para continuar sendo o que é e até mesmo para resistir aos humores que tendem à mudança. Trata-se de um núcleo muito pequeno, em nada reflexivo (eles são ignorantes demais), tampouco desafiador (sua pobreza emocional ou imaginativa os exclui de cara); quase a seu próprio modo, afetado e hipócrita, como uma pedra ou um câncer muito jovem, mas vai servir aos nossos propósitos. Aqui, pelo menos, teremos uma rejeição real e deliberada, embora não plenamente articulada, do que o Inimigo chama de Graça.

Esses são, portanto, dois fenômenos bem-vindos. Primeiro, a abundância das nossas capturas; por mais insosso que seja nosso cardápio, não corremos o risco de passar

Maldanado propõe um brinde

fome. E, em segundo lugar, o triunfo; as habilidades de nossos tentadores nunca estiveram tão em alta. Mas a terceira moral, que eu ainda não tracei, é a mais importante de todas.

Os tipos de almas cujo desespero e cuja ruína, bem, não vou dizer que festejamos, mas, em todo caso, nos sustentam — essa noite estão crescendo em número e continuarão a crescer. Nossos conselheiros do Comando Inferior nos garantem que isso é assim, e nossas ordens são no sentido de orientar todas as nossas táticas em vista dessa satisfação. Os "grandes" pecadores, aqueles nos quais as paixões vivas e geniais foram levadas para além dos limites, e aqueles nos quais uma concentração imensa de vontade foi devotada para objetos que o Inimigo abomina, não desaparecerão de todo; antes, por certo, ficarão mais raros. Nossas capturas serão cada vez mais numerosas, mas consistirão cada vez mais de lixo — lixo que tempos atrás lançaríamos para Cérbero e para os cães infernais, pois não seria apropriado para o consumo diabólico. E há duas coisas que gostaria que vocês entendessem a esse respeito. Primeiro, que, por mais depressivo que isso pudesse parecer, seria, na verdade, uma mudança para melhor. E, em segundo lugar, eu chamaria a atenção de vocês para os meios que permitissem que ela fosse gerada.

Trata-se de uma mudança para melhor. Os grandes (e deliciosos) pecadores são feitos do mesmo material que aqueles fenômenos horríveis, os grandes Santos. O desaparecimento virtual desse tipo de ingrediente pode significar refeições insípidas para nós. Mas será que isso

A última noite do mundo

também não significa frustração e fome absolutas para o Inimigo? Ele não criou os humanos — não se tornou um deles e morreu entre eles, torturado — apenas para produzir candidatos ao Limbo, humanos "fracassados". Queria torná-los Santos; deuses, seres como ele mesmo. Não será a monotonia de sua tarifa atual um preço bem pequeno a pagar pelo conhecimento delicioso de que todo o grande experimento dele está se extinguindo? Mas não é só isso. À medida que os grandes pecadores estão diminuindo em quantidade e perdendo sua individualidade, os grandes pecadores vão se tornando agentes mais eficazes para nós. Todo e qualquer ditador, ou mesmo um demagogo — quase toda estrela de cinema ou cantor romântico — é capaz de arrastar dezenas de milhares de ovelhas humanas consigo. Elas se oferecem (ou melhor, o que sobrou delas) a qualquer um deles; e, por cada um deles, a nós. Pode chegar um tempo em que não teremos mais nenhuma preocupação com qualquer tentação *individual*, exceto no caso de alguns deles. Capture o flautista mágico e todos os ratos o seguirão.

Mas será que vocês se dão conta do sucesso que tivemos em reduzir toda a raça humana ao nível de cifras numéricas? Isso não aconteceu por acaso. Tem sido nossa resposta — e que resposta magnífica — a um dos desafios mais sérios que jamais tivemos de enfrentar.

Vamos relembrar, a essa altura, qual era a situação da humanidade na segunda metade do século XIX — a época em que parei de ser um tentador praticante e fui recompensado com um posto administrativo. O grande

Maldanado propõe um brinde

movimento rumo à liberdade e à igualdade entre os seres humanos já carregava, naquele tempo, frutos sólidos e amadurecidos. A escravidão havia sido abolida. A Guerra de Independência dos Estados Unidos havia sido vencida. A Revolução Francesa havia sido bem-sucedida. A tolerância religiosa estava em franco crescimento por quase todos os lados. Em suas origens, havia muitos elementos que estavam a nosso favor naquele movimento. Havia, misturado a ele, muito ateísmo, muito anticlericalismo, muita inveja e sede de vingança, até mesmo algumas tentativas (bem absurdas) de reviver o paganismo. Não era fácil determinar qual deveria ser a nossa própria postura diante disso. Por um lado, havia sido um golpe amargo para nós — e ainda é — que qualquer tipo de homem que estivesse com fome fosse alimentado e qualquer que por muito tempo tivesse estado em cadeias devesse tê-las arrancadas. Mas, por outro lado, havia tanta rejeição à fé no movimento, tanto materialismo, secularismo e ódio, que nos sentimos na obrigação de encorajá-lo.

Mas, ao fim da segunda metade do século, a situação era muito mais simples, e também mais ameaçadora. No setor inglês (onde eu vi, do *front* de batalha, a maior parte de meus serviços) uma coisa terrível aconteceu. O Inimigo, com a sua destreza de manobras usual, havia se apropriado amplamente desse movimento progressivo ou libertador e o havia pervertido para os seus próprios fins. Muito pouco de seu velho aspecto anticristão remanesceu. O perigoso fenômeno chamado Socialismo Cristão estava efervescente. Os donos de fábricas à moda antiga, que

A última noite do mundo

enriqueciam à custa de trabalho suado, em vez de serem assassinados pelos trabalhadores — nós poderíamos ter usado isso em nosso favor —, estavam sendo vistos com maus olhos pela sua própria classe. Os ricos estavam cada vez mais abrindo mão de seu poder, não em face de uma revolução e de uma compulsão, mas em obediência às suas próprias consciências. Quanto aos pobres que se beneficiaram disso, estavam se comportando de uma maneira bastante decepcionante. Em vez de usarem sua recém adquirida liberdade — como razoavelmente esperávamos — para o massacre, para o estupro, para o saque ou até mesmo para a embriaguez perpétua, eles estavam perversamente engajados em se tornar mais limpos, mais ordeiros, mais econômicos, mais bem-educados e até mesmo mais virtuosos. Acreditem em mim, gentis-demônios, a ameaça de algo parecido com um estado verdadeiramente saudável da sociedade parecia então eminente.

Graças ao Nosso Pai nas Profundezas, essa ameaça foi afastada. Contra-atacamos em dois níveis. No mais profundo, nossos negociadores conseguiram chamar à plena vida um elemento que havia estado implícito no movimento desde os primeiros dias. Oculto no coração dessa luta pela liberdade havia um ódio profundo pela liberdade pessoal. Aquele homem valoroso chamado Rousseau foi o primeiro a revelar isso. Em sua democracia perfeita, como vocês devem se lembrar, somente a religião do Estado é permitida, a escravidão é restaurada, e diz-se ao indivíduo que o que ele verdadeiramente desejou (embora não soubesse disso) era o que o governo lhe dizia para fazer. A

Maldanado propõe um brinde

partir desse ponto, *via* Hegel (outro propagandista indispensável que está do nosso lado), nós forjamos, facilmente, tanto o estado nazista como o comunista. Tivemos um sucesso considerável até mesmo na Inglaterra. Outro dia, ouvi dizer que nesse país, sem uma autorização, uma pessoa não poderia derrubar sua própria árvore com seu próprio machado, transformá-la em tábuas com sua própria serra para construir um depósito no seu próprio quintal.

Esse foi o nosso contra-ataque em um dos níveis. Vocês, que não passam de iniciantes, não serão incumbidos de um trabalho que exija esse nível de confiança. Vocês serão tentadores de pessoas particulares. Contra estes, ou por meio destes, nossos contra-ataques assumem uma outra forma.

Democracia é a palavra que vocês devem usar para mantê-lo no cabresto. O ótimo trabalho de corrupção da língua humana que nossos especialistas em Filologia já fizeram torna desnecessário alertá-los para o fato de que eles nunca poderão dar a esta palavra um sentido claro e definível. Aliás, eles não o teriam de qualquer maneira. Jamais lhes ocorrerá que a *democracia* é propriamente o nome de um sistema político de votação e que isso tem apenas uma conotação muito tênue e remota com o que vocês estão tentando lhes vender. Nem, é claro, jamais deverão receber a permissão para levantar a questão de Aristóteles: se o "comportamento democrático" significa o comportamento preferido pelas democracias ou o comportamento que vai preservar a democracia. Pois, se eles o fizerem, dificilmente lhes deixará de ocorrer que essas coisas não têm de ser iguais.

A última noite do mundo

Vocês devem usar a palavra como se fosse puramente mágica; caso prefiram, usem-na apenas pelo seu poder mercadológico. Trata-se de um nome que eles veneram. E é claro que está associado ao ideal político de que os homens devam ser tratados com igualdade. E vocês, então, deveriam fazer uma transição furtiva na mente deles, desse ideal político para uma crença objetiva de que todos os homens *são realmente* iguais. Especialmente aqueles homens que vocês estiverem manipulando. Consequentemente, vocês podem usar a palavra *Democracia* para sancionar o mais degradante (e também o menos apreciável) de todos os sentimentos humanos. Podem fazê-lo assumir um tipo de conduta não apenas descarada, mas até com certo brilho positivo de autoaceitação, que, se não for defendida pela palavra mágica, será ridicularizada por todos.

O sentimento ao qual me refiro, obviamente, é aquele que predispõe uma pessoa a dizer *"Eu sou tão bom quanto você"*.

A primeira e mais óbvia vantagem disso é que, dessa forma, vocês o induzem a fazer de uma bela e deslavada mentira o centro de sua vida. Não quero dizer com isso apenas que o que afirmam seja pura e simplesmente falso, que eles não se equiparam em termos de bondade, honestidade e bom senso aos outros mais do que nas suas medidas de peso e altura ou na largura de sua cintura. Quero dizer que nem mesmo eles acreditam nisso. Nenhuma pessoa que diga *"Eu sou tão bom quanto você"* acredita nisso, e ele não o diria se acreditasse. O cão São Bernardo jamais dirá

Maldanado propõe um brinde

isso para um cachorro de brinquedo, nem o estudioso para o ignorante, nem a pessoa que tem um emprego para um mendicante, nem a mulher bonita para aquela de aparência mediana. A reivindicação de igualdade, fora do campo estritamente político, é feita apenas por aqueles que se sentem, de uma forma ou de outra, inferiores. O que ela expressa são precisamente a coceira, a esperteza, a consciência distorcida de uma inferioridade que o paciente se recusa a aceitar.

E, por isso, ele se sente ofendido. Sim, e, portanto, ressente-se de qualquer tipo de superioridade nos outros; passa a caluniá-la e a desejar o seu aniquilamento. Na verdade, suspeita que a mera diferença seja uma reivindicação de superioridade. Ninguém deve ser diferente dele na voz, nas roupas, nas maneiras, nas recreações, nas preferências de comida. "Lá vai alguém que fala inglês de modo mais claro e agradável aos ouvidos do que eu — deve ser uma afetação vil, arrogante, cheia de pompa. Aqui está um camarada que diz não gostar de cachorros — sem dúvida pensa que é bom demais para eles. Lá vai outro que não pôs uma moeda no *jukebox* — deve ser um daqueles eruditos que faz tudo para ser notado. Se eles fossem o tipo certo de sujeito, seriam iguaizinhos a mim. Não têm o direito de ser diferentes. É antidemocrático."

Agora, esse fenômeno útil não é nenhuma novidade. Tornou-se público e notório pelo nome de inveja, coisa que já era conhecida dos seres humanos há milhares de anos. Mas, até aqui, eles sempre a consideraram o vício mais odioso e também o mais cômico de todos. Os que

A última noite do mundo

estavam conscientes de sentir inveja tinham vergonha disso; aqueles que tinham a consciência dela não a perdoavam nos outros. A novidade prazerosa da situação presente é que vocês podem sancioná-la — torná-la respeitável ou até louvável — pelo uso encantatório da palavra mágica *democrático*.

Sob a influência desse encantamento, aqueles que são, de um modo ou de outro, inferiores podem se dedicar de forma mais intensa e com mais sucesso do que nunca a puxar para baixo todo o restante do mundo, trazendo-os ao seu próprio nível. Mas isso não é tudo. Sob a mesma influência, aqueles que chegaram ou puderam chegar mais perto da humanidade no sentido mais genuíno, na verdade se afastaram dela, precisamente por medo de serem *antidemocráticos*. Fui informado, a partir de fontes seguras, de que os jovens de hoje muitas vezes suprimem um gosto incipiente por música clássica ou boa literatura porque isso os impediria de serem iguais a todo o mundo, e que as pessoas que realmente desejassem ser, e recebem a graça que as capacita para serem honestas, castas ou temperantes, a recusam, pois aceitá-la poderia torná-las diferentes, ofender novamente a "normalidade das coisas", tirá-las do círculo da "irmandade", prejudicar sua integração com o grupo. Elas poderiam tornar-se indivíduos (que horror!).

Tudo está resumido na prece que supostamente uma jovem pronunciou recentemente: "Oh Deus, faça de mim uma garota normal do século XX!" Graças aos nossos esforços, isso vai significar cada vez mais: "Faça de mim uma devassa, uma débil mental, uma parasita".

Maldanado propõe um brinde

Nesse meio-tempo, como um efeito colateral bem-vindo, os poucos (cada vez menos) que não se encaixam na normalidade, tornando-se "como todo o mundo" de forma regular, homogênea e integrada, tendem cada vez mais a se tornarem os verdadeiros pedantes, excêntricos que todo o mundo de qualquer forma já achava que eles eram. Pois a suspeita muitas vezes gera aquilo que se suspeitava. ("Já que, independentemente do que eu faça, os vizinhos vão me achar uma bruxa ou um agente comunista, aquilo de que me rotularem, irei acabar me tornando".) Em consequência disso, temos agora uma *intelligentsia* que, embora seja muito pequena, é muito útil à causa do Inferno.

Mas isso não passa de um efeito colateral. Gostaria de fixar a sua atenção no movimento vasto, completo, rumo ao descrédito, e, finalmente, à eliminação de todo o tipo de excelência humana — moral, cultural, social ou intelectual.

E não é lindo ver como a *democracia* (no sentido mágico) está agora fazendo para nós todo o trabalho outrora feito pelas ditaduras mais antigas e pelos mesmos métodos? Vocês se lembram da história de como um dos ditadores gregos (eles os chamavam de "tiranos" na época) enviou um mensageiro a outro ditador para solicitar seu conselho sobre os princípios do governo. O segundo ditador conduziu o mensageiro a um milharal e lá cortou com sua foice todas as hastes que estivessem a um centímetro acima do nível das outras. A moral da história é simples: não admita que ninguém entre os seus súditos se destaque, não deixe sobreviver ninguém que seja mais sábio,

A última noite do mundo

melhor, mais famoso ou até mesmo mais bonito que a massa. Passe a régua em todos para ficarem no mesmo nível; todos escravos, todos números, todos zés-ninguéns. Todos iguais. Assim, os tiranos podem, em certo sentido, praticar a "democracia". Mas agora a "democracia" é capaz de fazer o mesmo trabalho sem qualquer outra tirania que não seja a sua própria. Ninguém agora necessita passar pelo campo com uma foice. As hastes menores vão agora passar a cortar fora as pontas das mais altas. As grandes começarão a cortar as suas próprias pontas pelo desejo de serem como todo o mundo.

Já disse que garantir a danação dessas almazinhas, dessas criaturas que quase deixaram de ser indivíduos, é uma tarefa árdua e ardilosa. Mas, se vocês fizerem o esforço necessário e empregarem suas habilidades, poderão prever, com certo grau de certeza, o resultado. Os grandes pecadores *parecem* uma presa mais fácil de capturar. Mas acontece que eles são imprevisíveis. Mesmo depois de vocês os manipularem por setenta anos, o Inimigo poderá muito bem arrancá-los das suas garras no ano seguinte. Vejam bem, eles são capazes de um arrependimento verdadeiro. Eles têm uma consciência da culpa verdadeira. Se as coisas tomarem o rumo errado, estarão tão prontos a desafiar as pressões sociais em nome do Inimigo quanto estavam para desafiá-las em nosso nome. De certa forma, é mais trabalhoso rastrear e golpear uma mosca que foge rapidamente do que atirar a pouca distância num elefante selvagem. Mas o elefante dará mais trabalho se vocês não forem bons de mira.

Maldanado propõe um brinde

A minha experiência, como já disse, deu-se no setor inglês, e ainda recebo mais notícias a respeito dele do que dos outros setores. Assim, o que eu vou dizer agora poderá não se aplicar totalmente aos setores nos quais alguns de vocês vão atuar. Mas vocês poderão fazer as adaptações necessárias quando chegarem lá. Apesar disso, quase que com certeza, o que direi terá alguma aplicação. Se ela for muito pequena, vocês deverão trabalhar para fazer com que o país de que estiverem encarregados se torne mais parecido com aquilo em que a Inglaterra já se tornou.

Naquela terra promissora, o espírito do *Eu sou tão bom quanto você* já passou a ser mais do que uma influência puramente social e começa a se infiltrar no sistema educacional. Não sei dizer com certeza até onde ele chegou no presente momento, e isso não importa. Uma vez que tenham entendido qual é a tendência, poderão facilmente prever seus desdobramentos futuros; especialmente se nós mesmos desempenharmos um papel nesses desdobramentos. O princípio básico da nova educação é que os alunos ignorantes e vagabundos não devem se sentir inferiores aos alunos inteligentes e esforçados. Isso seria "antidemocrático". Essas diferenças entre os alunos — porque se trata, muito obviamente, de diferenças puramente *individuais* — precisam ser disfarçadas. Isso pode ser feito em vários níveis. Nas universidades, as provas devem ser elaboradas de tal forma que quase todos os alunos obtenham boas notas. Os vestibulares devem ser feitos para que todos ou quase todos os cidadãos possam entrar nas universidades, quer tenham a capacidade (ou o

A última noite do mundo

desejo) de se beneficiarem com uma educação superior, quer não. Nas escolas, as crianças que forem muito estúpidas ou preguiçosas demais para aprender línguas, matemática e ciências podem ser levadas a fazer aquilo que as crianças costumavam fazer em seu tempo livre. É possível deixá-las, por exemplo, fazer bonequinhos de lama e dar a isso o nome de modelagem. Mas, em todo esse tempo, em nenhum momento deve-se mencionar o fato de elas serem inferiores às crianças que estão empenhadas. Não importa qual seja a bobagem em que estiverem envolvidas, a nova educação deve contemplar — penso que os ingleses já estejam usando essa expressão — a "igualdade de valor". E é possível conceber um esquema ainda mais drástico. As crianças que estiverem aptas a passarem para uma classe mais adiantada podem ser mantidas na classe anterior usando métodos artificiais, com a justificativa de que as outras poderiam contrair algum tipo de *trauma* — por Belzebu, que palavra mais útil! — por serem deixadas para trás. Assim, o aluno mais inteligente permanecerá democraticamente acorrentado a seus colegas da mesma idade por toda a sua carreira escolar, e um menino capaz de compreender Ésquilo ou Dante será obrigado a ficar sentado, ouvindo seus contemporâneos tentando soletrar "Vovô viu a uva".

Em uma palavra, não seria absurdo esperar pela extinção virtual da educação quando o espírito do *Eu sou tão bom quanto você* tiver terminado de abrir seu caminho. Todos os incentivos para aprender e todas as penalidades por não se querer aprender vão desaparecer. Os poucos que possam

Maldanado propõe um brinde

querer aprender serão pervertidos; afinal, quem são eles para querer se destacar de seus colegas? De qualquer forma, os professores — ou devo dizer as babás? — estarão muito ocupados dando assistência aos ignorantes e tapinhas nas suas costas para gastar seu tempo com o ensino de verdade. Não temos mais que planejar e trabalhar duro para espalhar prepotência imperturbável e ignorância incurável entre os homens. Os pequenos vermes farão isso por nós.

É claro que isso só aconteceria se toda a educação se tornasse estatal. E é isso mesmo que vai acontecer, pois faz parte do mesmo movimento. Os impostos, designados para esse propósito, estão liquidando a classe média, a classe que estava preparada para salvar, gastar e fazer sacrifícios a fim de dar educação para seus filhos em escolas particulares. A extinção dessa classe, além de se associar à extinção da educação felizmente, é um efeito inequívoco do espírito que diz *"Eu sou tão bom quanto você"*. Foi esse, afinal de contas, o grupo social que deu aos humanos a maioria absoluta dos seus cientistas, médicos, filósofos, teólogos, poetas, artistas, compositores, arquitetos, juristas e administradores. Se algum dia houve um feixe de trigo que necessitava que suas pontas fossem cortadas, com certeza era esse. Como um político inglês observou não muito tempo atrás: "Uma democracia não deseja grandes homens".

Seria despropositado perguntar a essa criatura se por *desejar* ela quer dizer "necessitar" ou "gostar". Mas é melhor deixar as coisas claras, pois aqui a questão de Aristóteles surge de novo.

A última noite do mundo

Nós, no Inferno, daríamos as boas-vindas ao desaparecimento da democracia no senso estrito da palavra, o tal sistema político. Como todas as outras formas de governo, a democracia trabalha muitas vezes a nosso favor; mas, de uma maneira geral, ela está menos do nosso lado do que as outras formas. E o que temos de nos dar conta é que a "democracia" no sentido diabólico (*Eu sou tão bom quanto você*, ser como todo o mundo, pertencimento ao grupo) é o instrumento mais refinado que podemos ter para extirpar as democracias políticas da face da Terra.

Pois a "democracia" ou o "espírito democrático" (no sentido diabólico) produz uma nação desprovida de grandes homens, uma nação composta essencialmente de analfabetos, seres moralmente frouxos pela falta de disciplina na juventude, cheios de autoconfiança que as bajulações criaram em cima da ignorância, e molengas em virtude de toda uma vida de mimos. E é nisso que o Inferno deseja que todas as pessoas democráticas se tornem. Pois quando uma nação assim entra em conflito com uma nação em que os filhos foram postos para estudar, onde o talento é colocado em um alto patamar, e onde a massa ignorante não é autorizada a ter nenhuma voz em assuntos públicos, apenas um resultado é possível.

Recentemente, uma democracia surpreendeu-se ao descobrir que a Rússia a havia superado no avan-ço científico. Que exemplar delicioso de cegueira humana! Se toda aquela sociedade tem a tendência de se opor a qualquer tipo de excelência, como é que esperava que seus cientistas fossem excelentes?

Maldanado propõe um brinde

Nossa função é encorajar o comportamento, as maneiras, toda a disposição mental que as democracias naturalmente preferem e apreciam, porque são precisamente as coisas que, se descontroladas, irão destruir a democracia. Vocês podem até mesmo perguntar-se por que os próprios humanos não enxergam isso. Mesmo que não tenham lido Aristóteles (isso seria antidemocrático), era de se esperar que a Revolução Francesa lhes tivesse ensinado que o comportamento que os aristocratas apreciam naturalmente não é o comportamento que preserva a aristocracia. Então, eles poderiam ter aplicado o mesmo princípio a todas as formas de governo.

Mas eu não gostaria de terminar nesse tom. Eu jamais gostaria — o Inferno nos livre! — de encorajar em suas mentes a ilusão — que vocês têm de incutir nas mentes de suas vítimas humanas — de que o destino das nações seja, *em si mesmo*, mais importante do que aquele de almas individuais. A derrota de povos livres e a multiplicação de estados escravos são para nós um meio (além, é claro, de ser divertido), mas o fim real é a destruição de indivíduos, pois somente os indivíduos podem ser salvos ou condenados, tornar-se filhos do Inimigo ou nosso alimento. O valor supremo, para nós, de qualquer revolução, guerra ou fome está na angústia individual, na traição, no ódio, na raiva e no desespero que elas são capazes de produzir. *Eu sou tão bom quanto você* é um meio útil para a destruição de sociedades democráticas. Mas essa ideia tem um valor muito mais profundo como um fim em si mesma, como um estado mental, que, ao excluir a humildade, a

A última noite do mundo

caridade, a satisfação e todos os prazeres da gratidão ou da admiração desvia um ser humano de quase toda estrada que poderia, por fim, conduzi-lo aos Céus.

Mas vamos agora à parte mais prazerosa de minha tarefa. É minha incumbência propor um brinde em nome dos convidados, à saúde do Diretor Remeleca e da Academia de Treinamento de Tentadores. Encham suas taças. O que é isto que estou vendo? E esse delicioso buquê que exala do copo? Será possível? Senhor Diretor, retiro todas as minhas palavras ásperas com relação ao jantar. Pelo que posso perceber, e pelo odor que sinto, mesmo sob as precárias condições de guerra, a adega da Academia ainda possui algumas garrafas do clássico vinho *Fariseu*. Ora, ora, ora. É como nos velhos tempos... Segurem a taça debaixo de suas narinas por um momento, gentis-demônios. Segurem-na contra a luz. Olhem só para essas pequenas listras de fogo que se retorcem e emaranham, como se estivessem lutando entre si. E estão mesmo. Vocês sabem como esse vinho é destilado? Diferentes tipos de fariseus foram colhidos, pisoteados e fermentados num só recipiente para produzir um sabor delicado. Trata-se de tipos que foram bastante antagônicos uns para com os outros na Terra. Para alguns, seu único interesse eram regras, relíquias e rosários; outros só se interessavam por roupas sinistras, expressões tristes e fúteis e tradicionais abstinências ao vinho, ao carteado ou ao cinema. Ambos tinham em comum a presunção e a distância quase infinita entre sua atitude verdadeira e qualquer coisa que o Inimigo realmente é ou ordena. A perversidade de outras religiões era a única doutrina

Maldanado propõe um brinde

realmente viva na religião de cada um deles; a difamação era o seu evangelho e difamar os outros, sua litania. Como eles se odiavam uns aos outros lá em cima onde o Sol brilha! Quanto mais ainda se odeiam agora que eles estão para sempre associados, mas nunca reconciliados. Seu assombro, seu ressentimento, combinados à exasperação de sua maldade eternamente impenitente, passando para a nossa digestão espiritual, funcionará como fogo. Fogo negro. Tendo dito isso, meus amigos, será péssimo para nós se o que a maioria dos humanos entenderem por "religião" se esvanecer da Terra, pois ela ainda pode nos enviar pecados realmente deliciosos. A fina flor do profano só pode crescer na vizinhança íntima do sagrado. Em nenhum lugar a nossa tentação é tão bem-sucedida quanto precisamente aos pés do altar.

Vossa Eminência, Vossas Desgraças, queridos Espinhosos, Sombrios e Gentis-Demônios: ergamos nossas taças e brindemos ao Diretor Remeleca e à Academia!

CAPÍTULO | 5

Boa Obra

e boas obras[1]

"Boas obras", no plural, é uma expressão muito mais familiar à cristandade moderna do que "boa obra".[2] Boas obras são principalmente dar esmolas ou "ajudar" na paróquia. Elas são bem distintas do "trabalho", ou obra, de alguém. E boas obras não precisam ser um trabalho bom, como qualquer um pode ver inspecionando alguns dos objetos feitos para serem vendidos em bazares de caridade. Isso não está de acordo com nosso exemplo. Quando nosso Senhor providenciou, para uma festa de casamento humilde, uma

---

[1]Publicado pela primeira vez na revista americana *The Catholic Art Quarterly* [Revista de arte católica trimestral], XXIII, Natal de 1959. O nome da revista foi mudado para *Good Work* [Boa Obra] em 1959. O texto de Lewis parece ter sido escrito para marcar essa mudança. [N. T.]

[2]*Work* pode significar tanto *obra* quanto *trabalho*, com suas diferenças de significado e de aplicação. Optamos por alternar a tradução com o propósito de o texto ficar mais natural para o leitor brasileiro, tendo sempre em mente, porém, que a mesma palavra em inglês é usada sempre. [N. T.]

Boa Obra e boas obras

rodada extra de vinho, ele estava fazendo boas obras. Mas também foi uma obra bem-feita: era um vinho que realmente valia a pena beber. De acordo com o preceito, não pode haver negligência da característica de ser bom em nosso trabalho. O apóstolo diz que cada um deve, não só trabalhar, mas trabalhar para produzir o que é "bom".

A ideia de Boa Obra não está extinta entre nós, embora, receio, não seja especialmente característica das pessoas religiosas. Encontrei-a entre marceneiros, sapateiros e marinheiros. Não adianta tentar impressionar marinheiros com um novo transatlântico por ser o maior ou mais caro navio a navegar. Eles olham para o que chamam de "linhas": eles preveem como a embarcação vai se comportar em um mar agitado. Artistas também falam de Boa Obra, mas cada vez menos. Eles começam a preferir palavras como "significativo", "importante", "contemporâneo" ou "ousado". Esses não são, em minha opinião, bons sintomas.

Mas a grande massa de homens, em todas as sociedades plenamente industrializadas, é vítima de uma situação que quase exclui desde o primeiro momento a ideia de Boa Obra. "Obsolescência embutida" torna-se uma necessidade econômica. A menos que um produto seja feito de tal forma que se desfaça em um ano ou dois, e assim tenha de ser substituído, você não terá um volume de negócios suficiente. Cem anos atrás, quando um homem se casava, ele construía para si (se fosse rico o suficiente) uma carruagem a qual ele esperava dirigir pelo resto da vida. Ele agora compra um carro que espera vender em dois anos. O trabalho hoje em dia *não deve* ser bom.

A última noite do mundo

Nas roupas, os zíperes têm esta vantagem sobre os botões: enquanto durarem, eles economizarão uma quantidade absurda de tempo e de problemas de quem as veste. Para o fabricante, eles têm um mérito muito mais sólido: eles não permanecem em funcionamento por muito tempo. Mau trabalho é o *desideratum*.[3]

Devemos evitar ter uma visão superficialmente moral dessa situação. Este não é apenas o resultado do pecado original ou do atual, mas foi se aproximando de nós gradualmente, de modo imprevisto e não intencional. O comercialismo degradado de nossa mente é tanto resultado disso quanto sua causa. E nem pode, em minha opinião, ser curado por esforços puramente morais.

Originalmente, coisas são feitas para uso ou para prazer, ou (mais frequentemente) para ambos. O caçador selvagem faz uma arma de sílex ou de osso; o faz da melhor forma possível, pois, se ela tiver ponta arredondada ou se for quebradiça, ele não matará a caça. Sua mulher faz um jarro de barro para buscar água; novamente, faz o melhor que pode, pois ela terá de usá-la. Mas eles não se absterão por muito tempo (se é que se absterão) de enfeitar essas coisas; eles querem ter (como Dogberry) "muito mais coisas elegantes".[4] E, enquanto eles trabalham, podemos ter certeza de que cantam ou assobiam ou, pelo menos, cantarolam. Eles também podem contar histórias.

---

[3]Em latim, aquilo que se deseja ou a que se aspira; desiderato. [N. T.]
[4]William Shakespeare, *Muito barulho por nada*, ato IV, cena II. Tradução de Carlos Alberto Nunes. [N. T.]

Boa Obra e boas obras

Nessa situação, discreta como a serpente do Éden e, a princípio, tão inocente quanto aquela serpente já fora, deve haver, mais cedo ou mais tarde, uma mudança. Cada família não produz mais tudo de que precisa. Há um especialista, um oleiro fazendo jarros para toda a aldeia, um ferreiro fazendo armas para todos, um bardo (poeta e músico, dois em um) cantando e contando histórias para todos. É significativo que, em Homero, o ferreiro dos deuses seja manco[5] e o poeta entre os homens seja cego.[6] Pode ter sido assim que a coisa começou. Os defeituosos, que não servem como caçadores ou guerreiros, podem ser deixados de lado para atender às necessidades e à recreação daqueles que servem.

A importância dessa mudança é que agora temos pessoas fazendo coisas (jarros, espadas, baladas) não para seu próprio uso e deleite, mas para uso e deleite dos outros. E é claro que elas devem, de uma forma ou de outra, ser recompensadas por isso. A mudança é necessária, a menos que a sociedade e as artes permaneçam em um estado não paradisíaco, mas de simplicidade fraca, desajeitada e empobrecedora. Isso continuará sendo saudável por dois fatos. Primeiro: esses especialistas farão seu trabalho tão bem quanto puderem. Eles estão muito perto das pessoas que vão usá-lo. Você terá todas as mulheres da

---

[5]Hefesto, filho de Zeus e Hera, o deus da técnica, dos ferreiros, da metalurgia e dos vulcões. [N. T.]
[6]Segundo a tradição, Homero (tido como poeta da Grécia antiga, que viveu no século VIII a.C., autor de *Ilíada* e de *Odisseia*) era cego. [N. T.]

A última noite do mundo

aldeia atrás de você se os jarros que fizer forem ruins. Vão gritar contra você se você cantar uma balada monótona. Se você fizer espadas ruins, na melhor das hipóteses os guerreiros vão voltar e espancá-lo; na pior das hipóteses, eles não voltarão, pois o inimigo os matará, e sua aldeia será queimada e você mesmo será escravizado ou morto com uma pancada na cabeça. Segundo: porque os especialistas estão fazendo o melhor que podem de algo que é indiscutivelmente digno de ser feito, eles se deleitarão em seu trabalho. Não devemos idealizar. Nem tudo será prazer. O ferreiro pode estar sobrecarregado. O bardo pode ficar frustrado quando a aldeia insiste em ouvir sua última balada novamente (ou uma nova exatamente como aquela) ao passo que ele anseia por ouvintes para alguma inovação maravilhosa. Mas, em geral, os especialistas têm uma vida digna de um homem, utilidade, uma quantidade razoável de honra e a alegria de exercitar a habilidade.

Falta-me espaço e, claro, conhecimento para rastrear todo o processo, desde esse estado de coisas até aquele em que estamos vivendo hoje. Mas penso que agora podemos desvincular a essência da mudança. Tomando como ponto de partida a condição primitiva em que cada um fazia as coisas para si mesmo, e considerando, então, uma condição na qual muitos trabalham para os outros (que lhes pagam), ainda há dois tipos de trabalho. Um tipo é aquele em que um homem pode realmente dizer: "Eu estou fazendo um trabalho que vale a pena fazer. Ainda valeria a pena se ninguém pagasse por isso. Mas, como eu não tenho recursos próprios, e preciso me alimentar, ter um lugar para morar e

Boa Obra e boas obras

me vestir, eu devo ser pago enquanto o faço". O outro tipo de trabalho é aquele em que as pessoas trabalham pelo único propósito de ganhar dinheiro; trabalho que não precisa ser, não deveria ser ou não seria feito por ninguém no mundo todo, a menos que fosse pago.

Podemos agradecer a Deus por ainda haver muitos empregos na primeira categoria. O trabalhador agrícola, o policial, o médico, o artista, o professor, o sacerdote e muitos outros estão fazendo o que vale a pena fazer por si mesmo; o que um bom número de pessoas faria, e faz, sem pagamento; o que cada família tentaria fazer por si mesma, de alguma forma amadora, se vivesse em isolamento primitivo. Claro que empregos desse tipo não precisam ser agradáveis: ministrar a um assentamento de leprosos é um deles.

O extremo oposto pode ser representado por dois exemplos. Eu não necessariamente os equaciono moralmente, mas eles são semelhantes pela nossa classificação atual. Um é o trabalho da prostituta profissional. O horror peculiar de seu trabalho — se você disser que não devemos chamá-lo de trabalho, pense novamente —, o que o torna tão mais horrível do que a fornicação comum é que é um exemplo extremo de uma atividade que não tem outra finalidade possível senão dinheiro. Não é possível aprofundar mais nessa direção do que a relação sexual, não apenas sem casamento, não apenas sem amor, mas mesmo sem luxúria. Meu outro exemplo é este. Muitas vezes vejo um *outdoor* que tem um anúncio de que milhares olham para esse espaço e que sua empresa deve contratá-lo para uma propaganda de seus produtos. Avalie por

A última noite do mundo

quantas etapas isso está separado de "fazer o que é bom". Um carpinteiro fez esse painel que, por si só, não tem uso. Impressores e fabricantes de papel trabalharam para produzir o anúncio — sem valor até que alguém contrate o espaço —, sem valor para eles até que colem ali outro anúncio, ainda sem valor para o anunciante, a menos que convença alguém a comprar seus bens, os quais podem ser um luxo feio, inútil e pernicioso que nenhum mortal teria comprado a menos que o anúncio, por seus encantos sensuais e esnobes, tivesse evocado em alguém um desejo fictício por eles. Em cada estágio do processo, o trabalho foi feito, cujo único valor está no dinheiro que ele traz.

Tal parece ser o resultado inevitável de uma sociedade que depende predominantemente de compra e venda. Em um mundo racional, as coisas seriam feitas por serem desejadas; no mundo real, os desejos precisam ser criados para que as pessoas recebam dinheiro para fazer as coisas. É por isso que a desconfiança com o comércio ou o desprezo por ele, que encontramos em sociedades mais antigas, não devem ser tão apressadamente estabelecidos como mero esnobismo. Quanto mais importante é o comércio, mais pessoas são condenadas ao — e, pior ainda, aprendem a preferir — que chamamos de segundo tipo de trabalho. O trabalho digno de ser feito a despeito da remuneração, trabalho agradável e bom se torna privilégio de uma minoria afortunada. A busca competitiva por clientes domina situações internacionais.

Durante minha vida na Inglaterra, o dinheiro foi (muito devidamente) coletado para comprar camisas para alguns

Boa Obra e boas obras

homens que estavam desempregados. O trabalho de que eles haviam sido demitidos era a fabricação de camisas.

Que esse estado de coisas não pode ser permanente é facilmente previsível. Mas, infelizmente, é mais provável que ele pereça por suas próprias contradições internas de uma maneira que causará imenso sofrimento. Só pode acabar sem dor se encontrarmos alguma maneira de acabar com ele voluntariamente; e nem é preciso dizer que não tenho planos para fazer isso, e nenhum de nossos mestres — os Grandes Homens por trás do governo e da indústria — daria a mínima atenção se eu o tivesse. O único sinal de esperança no momento é a "corrida espacial" entre a América e a Rússia. Desde que chegamos a um estado em que o principal problema não é dar às pessoas aquilo do que elas precisam ou gostam, mas manter as pessoas fazendo coisas (dificilmente importa o quê), grandes poderes não poderiam ser facilmente mais bem empregados do que na fabricação de objetos caros que, então, elas lançam ao mar. Isso mantém o dinheiro circulando e as fábricas funcionando, e não causará muito dano ao espaço — ou não por muito tempo. Mas o alívio é parcial e temporário. A principal tarefa prática para a maioria de nós não é dar aos Grandes Homens conselhos sobre como encerrar a nossa economia fatal — não temos para dar e eles não ouviriam —, mas para considerar como podemos viver dentro dela o menos feridos e degradados possível.

É difícil até mesmo reconhecer que ela é fatal e insana. Assim como o cristão tem uma grande vantagem sobre os outros homens — não por ser menos caído do que eles,

A última noite do mundo

nem menos condenado a viver em um mundo caído, mas sabendo que *é* um homem caído em um mundo caído —, faremos melhor se nos lembrarmos a cada momento o que era a Boa Obra e quão impossível ela agora se tornou para a maioria. Podemos ter de ganhar a vida tomando parte na produção de objetos que são de péssima qualidade e que, mesmo que fossem de boa qualidade, não valeria a pena produzi-los, pois a demanda ou o "mercado" para eles foram simplesmente engendrados pela propaganda. Junto às águas de Babilônia — ou da região da congregação —, diremos ainda interiormente: "Se eu me esquecer de ti, ó Jerusalém, esqueça-se a minha direita da sua destreza". (Ela irá.)

E, é evidente, vamos manter os olhos bem abertos para qualquer chance de escapar. Se temos alguma "escolha de carreira" (mas será que um homem em mil tem algo assim?), estaremos atrás dos empregos saudáveis, como velocistas, e faremos de tudo para permanecer lá. Vamos tentar, se tivermos a chance, ganhar a vida fazendo bem o que merece ser feito, mesmo que não vivamos para ganhar. Uma mortificação considerável de nossa avareza pode ser necessária. Geralmente são os trabalhos insanos que levam a muito dinheiro; eles são frequentemente os menos laboriosos.

No entanto, além de tudo isso, há algo mais sutil. Devemos ter muito cuidado para preservar nossos hábitos mentais contra a infecção por aqueles que propagaram a situação. Uma infecção assim, em minha opinião, corrompeu profundamente nossos artistas.

Boa Obra e boas obras

Até muito recentemente — até a última parte do século passado —, tinha-se como certo que o negócio do artista era deleitar e instruir seu público. Havia, claro, diferentes públicos; as canções de rua e os oratórios não eram endereçados ao mesmo público (embora eu ache que muitas pessoas gostavam de ambos). E um artista pode levar seu público a apreciar coisas melhores do que queria a princípio, mas ele só poderia fazer isso sendo, desde o início, se não simplesmente divertido, ainda assim divertido, e se não completamente inteligível, ainda assim inteligível em grande medida. Tudo isso mudou. Nos mais altos círculos estéticos, agora não se ouve nada sobre o dever do artista para conosco, mas sim com o nosso dever para com ele. Ele não nos deve nada; nós lhe devemos "reconhecimento", mesmo que ele nunca tenha prestado a mínima atenção a nossos gostos, interesses ou hábitos. Se não o dermos a ele, não valemos nada. Nessa loja, o cliente nunca tem razão.

Mas essa mudança é certamente parte de nossa mudança de atitude em relação a todo trabalho. Como "dar emprego" torna-se mais importante do que fazer coisas de que os homens precisem ou gostem, há uma tendência de considerar todo comércio como algo que existe principalmente para o benefício daqueles que o praticam. O ferreiro não trabalha para que os guerreiros possam lutar; os guerreiros existem e lutam para que o ferreiro possa ser mantido ocupado. O bardo não existe para deleitar a tribo; a tribo existe para apreciar o bardo.

Na indústria, motivações altamente honrosas, assim como insanidade, estão por trás dessa mudança de atitude.

A última noite do mundo

Um avanço real na questão da caridade nos impediu de falar sobre "população excedente" e começamos a falar sobre "desemprego". O perigo é que isso nos leve a esquecer de que o emprego não é um fim em si mesmo. Queremos que as pessoas estejam empregadas apenas como um meio para que elas sejam alimentadas — acreditando (com razão, quem sabe?) que é melhor alimentá-las mesmo por fazer coisas ruins do que por não fazer nada.

Mas, embora tenhamos o dever de alimentar os famintos, duvido que tenhamos o dever de "apreciar" os ambiciosos. Essa atitude em relação à arte é fatal para uma boa obra. Muitos romances, poemas e pinturas modernos, que somos intimidados a "apreciar", não são uma boa obra, porque nem sequer são uma *obra*. São meras poças de sensibilidade ou reflexo derramados. Quando um artista está, no sentido estrito, produzindo uma obra, ele naturalmente leva em conta o gosto, os interesses e a capacidade existentes de seu público. Estes, não menos que a língua, o mármore ou a tinta, fazem parte de sua matéria-prima a serem usados, domados, refinados, não ignorados nem desafiados. Uma grande indiferença a eles não é genialidade nem integridade; é preguiça e incompetência. Você não aprendeu seu trabalho. Assim, o verdadeiro trabalho honesto para com Deus, no que diz respeito às artes, aparece agora principalmente na arte inculta: no filme, na história de detetive, na história para crianças. Estas são, com frequência, estruturas sadias; madeira tratada, encaixada com precisão, todas as tensões calculadas; habilidade e labor usados com sucesso para fazer o que é pretendido.

Boa Obra e boas obras

Não entenda errado. As produções intelectuais podem, é claro, revelar uma sensibilidade mais sutil e um pensamento mais profundo. Mas uma poça não é uma obra, quaisquer que sejam os ricos vinhos, óleos ou remédios que tenham sido ali despejados.

"Grandes obras" (de arte) e "boas obras" (de caridade) também deveriam ser Boa Obra. Que os corais cantem bem ou nem sequer cantem. Caso contrário, nós meramente confirmamos a convicção da maioria de que o mundo dos negócios — que faz com tanta eficiência o tanto que nunca realmente precisou ser feito — é o mundo real, adulto e prático; e que toda essa "cultura" e toda essa "religião" (ambas as palavras são horrendas) são essencialmente atividades marginais, amadoras e bastante efeminadas.

CAPÍTULO | 6

Religião e foguetes

Ao longo da vida, tenho ouvido dois argumentos bem diferentes contra minha religião, apresentados em nome da ciência. Quando eu era jovem, as pessoas costumavam dizer que o universo não apenas não era amigável à vida, mas certamente hostil a ela. A vida havia aparecido nesse planeta por uma chance contra um milhão, como se, em algum ponto, houvesse ocorrido uma avaria das elaboradas defesas geralmente aplicadas contra ela. Seria imprudente supormos que tal fenda tivesse ocorrido mais de uma vez. Era provável que a vida fosse uma anormalidade puramente terrestre. Nós estávamos sozinhos em um deserto infinito. Que isso apenas mostrava o absurdo da ideia cristã de que havia um Criador interessado em criaturas vivas.

Mas, então, veio o professor F. Hoyle,[1] o cosmologista de Cambridge, e, em aproximadamente quinze dias, todos que conheci pareciam ter decidido que o universo estava

---

[1]Fred Hoyle (1915—2001), astrônomo e autor de ficção científica inglês, tornou-se famoso pelas teorias que se chocavam com a opinião científica

Religião e foguetes

provavelmente muito bem provido de globos habitáveis e de gado para habitá-los. Que apenas mostrava (igualmente bem) o absurdo do cristianismo com sua ideia paroquial de que o Homem poderia ser importante para Deus.

Essa é uma advertência para o que podemos esperar se descobrirmos vida animal (a vegetal não importa) em outro planeta. Cada nova descoberta, mesmo cada nova teoria, é inicialmente considerada como tendo as consequências teológicas e filosóficas mais abrangentes. É tomada pelos incrédulos como base para um novo ataque ao cristianismo; é frequentemente, e de modo mais embaraçoso, confiscado por cristãos insensatos como base para uma nova defesa.

Mas geralmente, quando o burburinho popular se acalma e a novidade é ruminada por teólogos autênticos, cientistas autênticos e filósofos autênticos, ambos os lados se veem bem onde estavam antes. Assim foi com a astronomia copernicana, com o darwinismo, com a crítica bíblica, com a nova psicologia. Então, não posso fazer nada a não ser esperar que será assim com a descoberta de "vida em outros planetas" — se essa descoberta for feita.

A suposta ameaça é claramente dirigida contra a doutrina da Encarnação, a crença de que o "Deus de Deus

---

da época. Criador do termo Big Bang. No início da década de 1950, sua teoria da nucleossíntese estelar apoiava o que se tornaria conhecido como o princípio antrópico. Essa era a ideia de que qualquer explicação para o universo também deveria explicar como o universo deu origem à vida e à inteligência. Defendia a teoria do universo estacionário, depois modificada para a chamada cosmologia quase estacionária, e da panspermia. [N. T.]

A última noite do mundo

[...] por nós homens e pela nossa salvação desceu do Céu, e encarnou". Por que por nós, homens, mais do que por outros? Se nos achamos apenas uma entre um milhão de raças, espalhadas por um milhão de esferas, como podemos, sem absurda arrogância, crer que fomos privilegiados com exclusividade? Admito que a pergunta poderia se tornar formidável. Na verdade, será formidável quando, se for o caso, soubermos a resposta para outras cinco perguntas.

1. Existem animais em outro lugar além da Terra? Não sabemos. Não sabemos se algum dia saberemos.

2. Supondo que existam, algum desses animais teria o que chamamos de "alma racional"? Nela incluo, não apenas a faculdade de abstrair e calcular, mas a apreensão de valores, o poder de chamar de "bom" algo mais do que "bom para mim" ou mesmo "bom para minha espécie". Se, em vez de perguntar: "Eles têm alma racional?", você preferir perguntar: "Eles são animais espirituais?",[2] acho que nós dois queremos dizer a mesma coisa. Se a resposta a ambas as perguntas for "Não", então, é claro que não seria estranho que nossa espécie deva ser tratada diferentemente da deles.

---

[2] "Alma racional" era expressão usada para denotar o elemento pelo qual os humanos distinguem-se dos animais. Lewis está alertando o leitor de que o significado moderno de "racional" é muito mais estrito do que o antigo. O termo "animais espirituais" parece ter estado em voga no final dos anos 1950. Lewis está, provavelmente, se referindo às tentativas de sua época de apontar a diferença entre seres humanos e animais. [N. T.]

Religião e foguetes

Não haveria sentido em oferecer a uma criatura, por mais inteligente ou amável que fosse, um presente que essa criatura seja, por natureza, incapaz de desejar ou receber. Nós ensinamos nossos filhos a ler, mas não o fazemos com nossos cães. Os cães preferem ossos. E, claro, como ainda não sabemos se existem animais extraterrestres, estamos longe de saber se são racionais (ou "espirituais").

Mesmo se os encontrarmos, talvez percebamos não ser tão fácil decidir. Parece-me possível supor criaturas tão inteligentes que pudessem falar, embora fossem, do ponto de vista teológico, realmente só animais, capazes de perseguir ou desfrutar apenas objetivos naturais. Encontramos humanos — o tipo urbano que pensa mecanicamente e é materialista — que *parecem* ser apenas assim. Como cristãos, devemos acreditar que a aparência é falsa; que, em algum lugar sob essa superfície pouco sincera, espreita, por mais atrofiada que seja, uma alma humana. Mas em outros mundos pode haver coisas que realmente são o que parecem ser. Por outro lado, pode haver criaturas genuinamente espirituais, cujos poderes de elaboração e de pensamento abstrato sejam tão humildes que poderíamos confundi-las com meros animais. Deus as proteja de nós!

3. Se existem espécies, e espécies racionais, além do homem, alguma ou todas elas, como nós, caíram? Esse é o ponto que os não cristãos sempre parecem esquecer. Eles parecem pensar que a Encarnação implica algum

A última noite do mundo

mérito ou excelência particular na humanidade. Mas é claro que ela implica apenas o contrário: demérito e depravação próprios. Nenhuma criatura que merecesse a Redenção precisaria ser redimida. Aqueles que estão sãos não precisam de médico. Cristo morreu pelos homens precisamente porque os homens *não* eram dignos de que morresse por eles — para torná-los dignos. Observe as ondas de hipóteses totalmente injustificadas que esses críticos do cristianismo querem que atravessemos a nado. Estamos agora supondo a queda de criaturas hipoteticamente racionais cuja mera existência é hipotética!

4. Se todas elas (e certamente *todas* é uma hipótese remota) ou alguma delas tenha caído, foi-lhes negada a Redenção pela Encarnação e Paixão de Cristo? É claro que não é uma ideia muito nova que o Filho eterno possa, pelo que sabemos, ter sido encarnado em outros mundos além da Terra e salvo outras raças que não a nossa. Como Alice Meynell[3] escreveu em *Christ in the Universe* [Cristo no universo]:

> *[...] nas eternidades,*
> *Sem dúvida, vamos comparar juntos, ouvir*
> *Um milhão de Evangelhos alienígenas, com que aparência*
> *Ele andou nas Plêiades, na Lira, na Ursa.*

---

[3]Alice Meynell (1847—1922) foi poeta e ensaísta inglesa católica romana. [N. T.]

Religião e foguetes

Eu não iria tão longe quanto "sem dúvida". Talvez, dentre todas as raças, apenas *nós* tenhamos caído. Talvez o Homem seja a única ovelha perdida; o único, portanto, a quem o Pastor veio procurar. Ou talvez — mas isso nos leva à próxima onda de suposições. Ela é maior ainda e vai nos derrubar de cabeça para baixo, mas eu gosto muito de levar um *caldo* no mar.

5. Se soubéssemos (mas não sabemos) as respostas a 1, 2 e 3 — e, além disso, se soubéssemos que a Redenção por uma Encarnação e uma Paixão foi negada a criaturas necessitadas —, é certo que esse é o único modo de Redenção que é possível? Aqui, é claro, perguntamos pelo que não é apenas desconhecido, mas, a menos que Deus o revele, totalmente incognoscível. Pode ser que, quanto mais nos fosse permitido olhar para dentro do conselho divino, mais claramente deveríamos entender que é assim e não de outra forma — pelo nascimento em Belém, a cruz no Calvário e o túmulo vazio — que uma raça caída poderia ser resgatada. Pode haver uma necessidade, intransponível, enraizada na própria natureza de Deus e na própria natureza do pecado. Mas nós não sabemos. De qualquer forma, eu não sei. As condições espirituais e físicas podem diferir amplamente em diferentes mundos. Pode haver diferentes tipos e diferentes graus de queda. Nós devemos certamente crer que o amor divino é tão fértil em recursos quanto é incomensurável em condescendência. Para diferentes doenças, ou mesmo para diferentes pacientes doentes

A última noite do mundo

com a mesma doença, o grande Médico pode ter aplicado diferentes medicamentos, medicamentos que provavelmente não reconheceríamos como tais, mesmo que tivéssemos ouvido falar deles.

Pode acontecer que a redenção de outras espécies diferisse da redenção da nossa por operar por meio da nossa. Há uma sugestão de algo assim em Paulo (Romanos 8:19-23), quando ele diz que toda a criação está ansiosa e esperando para ser libertada de algum tipo de escravidão, e que a libertação ocorrerá somente quando nós, nós, cristãos, entrarmos completamente em nossa filiação a Deus e exercermos nossa "gloriosa liberdade".

No nível consciente, acredito que Paulo estivesse pensando apenas em nossa própria Terra: da vida animal, e provavelmente vegetal, na Terra sendo "renovada" ou glorificada na glorificação do homem em Cristo. Mas talvez seja possível — isso não é necessário — dar a suas palavras um significado cósmico. Pode ser que a Redenção, começando por nós, opere a partir de nós e por meio de nós.

Isso sem dúvida daria ao homem uma posição central. Mas essa posição não precisa implicar qualquer superioridade em nós ou qualquer favoritismo em Deus. O general, decidindo por onde começar seu ataque, não seleciona a paisagem mais bonita, ou o campo mais fértil, ou a aldeia mais atraente. Cristo não nasceu em um estábulo porque um estábulo é, em si mesmo, o lugar mais conveniente ou distinto para uma maternidade.

Religião e foguetes

Somente se tivéssemos alguma dessas funções, um contato entre nós e outras raças desconhecidas seria mais que uma calamidade. Se, de fato, não tivéssemos caído, seria outro assunto.

Isso define um sonho: trocarmos pensamentos com seres cujo pensamento tenha um fundo orgânico totalmente diferente do nosso (outros sentidos, outros apetites); sem nenhuma vergonha, tornarmo-nos humilde diante de intelectos possivelmente superiores ao nosso, mas capazes, por essa razão, de descer ao nosso nível, descer amorosamente a nós mesmos se encontrarmos criaturas inocentes e infantis que nunca poderiam ser tão fortes ou espertas quanto nós; trocarmos com os habitantes de outros mundos aquela afeição especialmente aguda e rica que existe entre os diferentes — é um sonho glorioso. Mas não se engane. *É* um sonho. Nós somos caídos.

Nós sabemos o que nossa raça faz com estranhos. O homem destrói ou escraviza todas as espécies que pode. O homem civilizado mata, escraviza, engana e corrompe o homem selvagem. Mesmo a natureza inanimada, ele a transforma em poças de areia e montes de escória. Existem pessoas que não o fazem. Mas elas não são do tipo que provavelmente serão nossos pioneiros no espaço. Nosso embaixador para novos mundos será o aventureiro necessitado e ganancioso ou o perito técnico implacável. Eles farão o que sempre fizeram. O que acontecerá se eles encontrarem coisas mais fracas que eles, o homem negro e o índio podem dizer. Se eles encontrarem coisas mais fortes, eles serão devidamente destruídos.

A última noite do mundo

É interessante imaginar como seriam as coisas se eles encontrassem uma raça não caída. No início, sem dúvidas, eles passariam um bom tempo zombando, enganando e explorando sua inocência; mas duvido que nossa astúcia parcialmente animal seja por muito tempo párea para a sabedoria divina, a bravura abnegada e a unanimidade perfeita.

Eu, portanto, temo os problemas práticos, não os teóricos, que surgirão se, porventura, encontrarmos criaturas racionais que não sejam humanas. Contra elas, nós poderemos, se pudermos, cometer todos os crimes que já cometemos contra criaturas certamente humanas, mas que diferem de nós em características e pigmentação; e o céu estrelado se tornará um objeto para o qual os homens bons só poderão olhar com sentimentos de culpa intolerável, compaixão agonizante e vergonha ardente.

É claro que, após os primeiros excessos da exploração, empreenderemos alguma tentativa tardia de fazer algo melhor. Talvez enviemos missionários. Mas mesmo os missionários podem ser confiáveis? "Arma e evangelho" foram horrivelmente combinados no passado. O sacro desejo do missionário de salvar almas nem sempre foi mantido bem distinto do desejo arrogante, da ânsia dos intrometidos de (como ele chama) "civilizar" os (como ele os chama) "nativos". Todos os nossos missionários reconheceriam uma raça não caída se a encontrassem? Eles poderiam? Eles continuariam a impor a criaturas que não precisavam ser salvas aquele plano de Salvação que Deus designou para o Homem? Eles denunciariam como pecados meras diferenças de comportamento que a história

Religião e foguetes

espiritual e biológica dessas estranhas criaturas justificou plenamente e que o próprio Deus havia abençoado? Eles tentariam ensinar àqueles de quem eles fariam melhor se aprendessem? Eu não sei.

O que eu sei é que, hoje, como nossa única preparação prática possível para tal encontro, você e eu devemos resolver ficar firmes contra toda a exploração e todo o imperialismo teológico. Não será divertido. Nós seremos chamados de traidores de nossa própria espécie. Nós seremos odiados por quase todos os homens, até mesmo por alguns religiosos. E não devemos voltar atrás um único centímetro. Nós provavelmente falharemos, mas vamos seguir lutando pelo lado certo. Nossa lealdade não se deve a nossa espécie, mas a Deus. Aqueles que são, ou podem se tornar, Seus filhos são nossos verdadeiros irmãos, mesmo que tenham conchas ou presas. É o parentesco espiritual, não o biológico, que conta.

Mas vamos agradecer a Deus por ainda estarmos muito longe de viajar para outros mundos.

Eu já me perguntei se as vastas distâncias astronômicas não seriam precauções de quarentena de Deus. Elas impedem que a infecção espiritual de uma espécie caída se espalhe. E, sem dúvida, também estamos muito longe do suposto problema teológico que o contato com outras espécies racionais poderia suscitar. Essas espécies podem não existir. Não há atualmente um fragmento de evidência empírica de que existam. Não há nada além do que os lógicos chamariam de argumentos de "probabilidade *a priori*" — argumentos que começam com "É apenas

A última noite do mundo

natural supor", ou "Toda analogia sugere", ou "Não é o ápice da arrogância descartar?". Eles fazem uma boa leitura. Mas quem, exceto um jogador nato, arrisca cinco dólares nessas condições na vida cotidiana?

E, como vimos, a mera existência dessas criaturas não levantaria um problema. Além disso, ainda precisamos saber se elas são caídas; então, se não foram, ou não serão, redimidas da maneira que conhecemos; e, por fim, que nenhum outro modo é possível. Eu acho que um cristão está em uma posição muito agradável se sua fé nunca encontrar dificuldades mais formidáveis do que esses fantasmas conjecturais.

Se bem me lembro, Agostinho levantou uma questão sobre a posição teológica de sátiros, monópodes e outras criaturas semi-humanas.[4] Ele decidiu que poderia esperar até descobrirmos se havia alguma. Então, isso também pode.

"Mas suponha", você diz, "suponha que todas essas suposições embaraçosas se revelassem verdadeiras!" Eu só posso registrar uma convicção de que elas não irão; uma convicção que para mim tornou-se irresistível ao longo dos anos. Cristãos e seus oponentes repetidamente esperam que alguma nova descoberta transforme questões de fé em questões de conhecimento ou as reduza a notórios absurdos. Mas isso nunca aconteceu.

O que cremos sempre permanece intelectualmente possível; nunca se torna intelectualmente compulsivo. Eu

---

[4]Em sua obra *Cidade de Deus*. [N. T.]

Religião e foguetes

imagino que, quando isso deixar de ser assim, o mundo estará acabando. Fomos avisados de que *quase todas* as evidências conclusivas contra o cristianismo, evidências que enganariam (se fosse possível) os próprios eleitos, aparecerão com o Anticristo.

E, depois disso, haverá evidências totalmente conclusivas do outro lado.

Mas não, eu imagino, até lá, de ambos os lados.

CAPÍTULO | 7

A *última noite* do mundo

Há muitas razões pelas quais o cristão moderno e até mesmo o teólogo moderno podem hesitar em dar à doutrina da Segunda Vinda de Cristo aquela ênfase que geralmente era dada a ela por nossos ancestrais. No entanto, parece-me impossível reter de qualquer forma reconhecível nossa crença na Divindade de Cristo e a verdade da revelação cristã enquanto abandonamos, ou até mesmo negligenciamos persistentemente, o prometido, e ameaçado, Retorno. "Há de vir a julgar os vivos e os mortos", diz o Credo dos Apóstolos. "Este mesmo Jesus", disseram os anjos em Atos, "voltará da mesma forma como o viram subir". "Chegará o dia", disse o próprio nosso Senhor (por aquelas palavras que convidaram à crucificação), "em que vereis o Filho do homem [...] vindo sobre as nuvens do céu". Se isso não é uma parte integral da fé uma vez dada aos santos, eu não sei o que é. Nas páginas seguintes, eu me esforçarei para lidar com alguns dos pensamentos que podem impedir os homens modernos de crerem firmemente no retorno ou na Segunda Vinda do Salvador, ou dar-lhe uma devida

A última noite do mundo

atenção. Não tenho nenhuma pretensão de falar como um especialista em qualquer um dos assuntos envolvidos, e apenas apresento as reflexões que surgiram em minha mente e me pareceram (talvez erroneamente) úteis, todas submetidas à correção de cabeças mais sábias.

Os motivos para o embaraço moderno com essa doutrina se dividem em dois grupos, que podem ser chamados de teórico e de prático. Tratarei primeiramente do teórico.

Muitos estão cautelosos com essa doutrina porque estão reagindo (em minha opinião, reagindo muito bem) contra uma escola de pensamento que está associada ao grande nome do Dr. Albert Schweitzer.[1] Segundo essa escola, o ensinamento de Cristo sobre seu próprio retorno e o fim do mundo — a que os teólogos chamam sua "apocalíptica" — era a própria essência de sua mensagem. Todas as outras doutrinas por ele ensinadas irradiavam dessa; todo seu ensino moral pressupunha um rápido fim do mundo. Se levada a um extremo, essa visão, como penso que Chesterton disse, equivale a ver em Cristo pouco mais do que um antigo William Miller,[2] que criou um "susto" local.

---

[1]Albert Schweitzer (1875—1965) foi teólogo, organista, filósofo e médico alemão, autor de *A busca do Jesus histórico*). Esse livro foi uma rejeição das tentativas liberais do século XIX de reconstruir um "Jesus histórico". Schweitzer apresentou Jesus como um profeta apocalíptico, cujas ações eram orientadas por um claro calendário apocalíptico. [N. T.]
[2]William Miller (1782—1849), pregador batista americano. Em 1818, a partir da interpretação de passagens da Bíblia, afirmou que a segunda vinda de Cristo ocorreria 25 anos depois. Mesmo depois de suas previsões terem se revelado falsas, muitos aderiram às suas ideias, o que resultou no grupo dos adventistas do sétimo dia. [N. T.]

A última noite do mundo

Não estou dizendo que o Dr. Schweitzer encaminhava a essa conclusão, mas pareceu a alguns que seu pensamento nos conduzia nessa direção. Assim, do medo desse extremo, surge uma tendência a suavizar o que a escola de Schweitzer enfatizou em demasia.

Particularmente odeio as reações, e desconfio delas, não só na religião, mas em tudo. Lutero certamente falou muito bem quando comparou a humanidade a um bêbado que, depois de cair do cavalo pelo lado direito, caiu da próxima vez do lado esquerdo. Estou convencido de que aqueles que acham na apocalíptica de Cristo toda sua mensagem estão enganados. Mas uma coisa não desaparece — nem sequer é desacreditada — porque alguém falou dela com exagero. Permanece exatamente onde estava. A única diferença é que, se foi recentemente exagerada, devemos agora ter um cuidado especial para não ignorá-la, pois esse é o lado para o qual o homem bêbado está mais propenso a cair.

O próprio nome "apocalíptica" atribui as predições de nosso Senhor sobre a Segunda Vinda a uma classe. Há outros espécimes dela: o *Apocalipse de Baruque*, o *Livro de Enoque* ou a *Ascensão de Isaías*. Os cristãos estão longe de considerar esses textos como Sagrada Escritura, e, para os gostos mais modernos, o *gênero* parece entediante e não edificante. Daí surge uma sensação de que as previsões de nosso Senhor, sendo "quase o mesmo tipo de coisa", não são dignas de crédito. A acusação contra elas pode ser colocada de forma mais dura ou mais branda. A forma mais dura seria, na boca de um ateu, algo assim: "Você vê

A última noite do mundo

que, afinal de contas, seu celebrado Jesus era, na verdade, o mesmo tipo de excêntrico ou charlatão que eram todos os outros escritores apocalípticos". A forma mais gentil, usada mais provavelmente por um modernista, seria assim: "Todo grande homem é parcialmente de sua própria época e parcialmente para todos os tempos. O que importa em sua obra é sempre o que transcende sua época, não o que ele compartilhava com mil de seus esquecidos contemporâneos. Nós valorizamos Shakespeare pela glória de sua linguagem e de seu conhecimento do coração humano, que era seu, não por sua crença em bruxas ou no direito divino dos reis, ou por sua falta de banho diário. O mesmo acontece com Jesus. Sua crença em um fim rápido e catastrófico da história pertence a ele, não como um grande mestre, mas como um camponês palestino do primeiro século. Era uma de suas limitações inevitáveis, muito bem esquecida. Devemos nos concentrar no que o distinguiu de outros camponeses palestinos do primeiro século, em seu ensino moral e social".

Como argumento contra a realidade da Segunda Vinda, parece-me que isso requer que a questão seja debatida. Quando nos propomos a ignorar, no ensinamento de um grande homem, aquelas doutrinas que ele tem em comum com o pensamento de sua época, parece que estamos assumindo que o pensamento de sua época era errôneo. Quando selecionamos para séria consideração aquelas doutrinas que "transcendem" o pensamento de sua própria época e são "para todos os tempos", estamos presumindo que o pensamento de *nossa* época está

A última noite do mundo

correto, pois, é claro, por pensamentos que transcendem a época do grande homem estamos nos referindo a pensamentos que concordem com os nossos. Nesse caso, eu valorizo o quadro apresentado por Shakespeare da transformação ocorrida no velho Lear mais do que valorizo sua visão sobre o direito divino dos reis, pois eu concordo com Shakespeare que um homem pode ser purificado pelo sofrimento como Lear, mas não acredito que os reis (ou quaisquer outros governantes) tenham direito divino no sentido requerido.[3] Quando os pontos de vista do grande homem não nos parecem errôneos, não os valorizamos menos por terem sido compartilhadas com seus contemporâneos. O desdém de Shakespeare pela traição e a bênção de Cristo aos pobres não eram estranhos à perspectiva de seus respectivos períodos, mas ninguém deseja desacreditá-los por causa disso. Ninguém rejeitaria a apocalíptica de Cristo com base no fato de que a apocalíptica era comum na Palestina do primeiro século, a menos que essa pessoa já tivesse decidido que o pensamento da Palestina do primeiro século estava equivocado a esse respeito. Mas para ter decidido assim certamente deve ter evitado a questão, pois a questão é: a expectativa de um fim catastrófico e divinamente ordenado do universo atual é verdadeira ou falsa?

---

[3] *Rei Lear*, tragédia teatral de William Shakespeare, tida como uma de suas obras-primas. Na peça, inspirada em lendas britânicas, o rei enlouquece após ser traído por duas das três filhas, às quais havia deixado o reino de modo inconsequente. [N. T.]

A última noite do mundo

Se tivermos uma mente aberta nesse ponto, todo o problema será alterado. Se tal fim realmente ocorrer, e se (como é o caso) os judeus tiverem sido treinados por sua religião para esperá-lo, então, é muito natural que eles produzam literatura apocalíptica. Sob essa ótica, nosso Senhor ter produzido algo semelhante aos outros documentos apocalípticos não seria necessariamente resultado de sua suposta amarra aos erros de sua época, mas seria a exploração divina de um elemento saudável no judaísmo contemporâneo; mais ainda: o tempo e o lugar em que lhe agradou ser encarnado teria, presumivelmente, sido escolhido porque, ali mesmo, esse elemento existia e tinha, por sua providência eterna, sido desenvolvido para esse exato propósito. Pois, se uma vez aceitamos a doutrina da Encarnação, devemos certamente ser muito cautelosos ao sugerir que qualquer circunstância na cultura da Palestina do primeiro século foi uma influência que estorvou ou distorceu seu ensino. Supomos que o cenário da vida terrena de Deus foi selecionado aleatoriamente? Que algum outro cenário teria servido melhor?

Mas há algo pior ainda por vir. "Diga o que quiser", ser-nos-á dito, "foi provado que as crenças apocalípticas dos primeiros cristãos eram falsas. Está claro no Novo Testamento que todos eles esperavam a Segunda Vinda em seu tempo. E, pior ainda, eles tinham um motivo, motivo que você vai achar muito embaraçoso. Seu Mestre lhes havia dito isso. Ele compartilhou e, de fato, criou a ilusão deles. Ele disse em tantas palavras: 'Não passará esta geração até que todas essas coisas aconteçam'. E ele

A última noite do mundo

estava errado. Ele claramente sabia sobre o fim do mundo tanto quanto qualquer outra pessoa".

É certamente o verso mais embaraçoso da Bíblia. No entanto, quão provocante, também, é que doze palavras após essa afirmação venha esta: "Quanto ao dia e à hora ninguém sabe, nem os anjos dos céus, nem o Filho, senão somente o Pai". A exibição de erro e a confissão de ignorância crescem lado a lado. Que elas estavam assim na boca do próprio Jesus, e não foram apenas apresentadas assim pelo relator, certamente não precisamos duvidar. A menos que o relator fosse perfeitamente honesto, ele nunca teria registrado a confissão de ignorância; ele não teria tido nenhum motivo para fazê-lo exceto o desejo de contar toda a verdade. E a menos que copistas posteriores tenham sido igualmente honestos, eles nunca teriam preservado a predição (aparentemente) equivocada sobre "esta geração" após a passagem do tempo ter mostrado o (aparente) erro. Essa passagem (Marcos 13:30-32) e o clamor "Por que me abandonaste?" (15:34) juntos formam a mais forte prova de que o Novo Testamento é historicamente confiável. Os evangelistas têm a primeira grande característica de testemunhas honestas: eles mencionam fatos que são, à primeira vista, prejudiciais a sua principal alegação.

Os fatos, então, são estes: que Jesus se professou (em certo sentido) ignorante, e, um momento depois, mostrou que realmente era assim. Crer na Encarnação, crer que ele é Deus, torna difícil entender como ele pode ser ignorante; mas também torna certo que, se ele disse que

A última noite do mundo

poderia ser ignorante, então, ignorante ele poderia realmente ser. Pois um Deus que pode ser ignorante é menos desconcertante do que um Deus que falsamente professa ignorância. A resposta dos teólogos é que o Deus-Homem era onisciente como Deus e ignorante como Homem. Isso, sem dúvida, é verdade, embora não possa ser imaginado. Nem pode, de fato, imaginar-se a inconsciência de Cristo durante o sono, nem o crepúsculo da razão em sua infância; ainda menos sua vida meramente orgânica no ventre da mãe. Mas as ciências físicas, não menos que a teologia, propõem, para nossa crença, algo que não pode ser imaginado.

Uma geração que aceitou a curvatura do espaço não precisa se incomodar com a impossibilidade de imaginar a consciência do Deus encarnado. Nessa consciência, o temporal e o atemporal estavam unidos. Acho que podemos concordar com o mistério naquele momento, desde que não o façamos agravar nossa tendência de imaginar a vida atemporal de Deus como, simplesmente, outro tipo de tempo. Estamos cometendo esse erro sempre que perguntamos como Cristo poderia ser, *ao mesmo tempo*, ignorante e onisciente, ou como ele poderia ser o Deus que não dormita nem dorme *enquanto* dorme. As palavras em itálico ocultam uma tentativa de estabelecer uma relação temporal entre sua vida atemporal como Deus e os dias, meses e anos de sua vida como Homem. E claro que não existe tal relação. A Encarnação não é um episódio da vida de Deus: o Cordeiro é morto — e, portanto, presumivelmente nascido, crescido até a maturidade e ressuscitado — desde a

A última noite do mundo

eternidade. A adoção da natureza da humanidade de Deus, com todas as suas ignorâncias e limitações, não é em si mesmo um evento temporal, embora a humanidade que é assim adotada seja, como a nossa, uma coisa que vive e morre no tempo. E se a limitação e, portanto, a ignorância foram assim adotadas, devemos esperar que a ignorância deva, em algum momento, ser realmente exibida. Seria difícil e, para mim, repulsivo supor que Jesus nunca fez uma pergunta sincera, isto é, uma pergunta para a qual ele não soubesse a resposta. Isso tornaria sua humanidade algo tão diferente da nossa que dificilmente mereceria o nome. Acho mais fácil crer que, quando ele disse "Quem tocou em mim?" (Lucas 8:45), ele realmente queria saber.

As dificuldades que discuti até agora são, até certo ponto, pontos de debate que tendem a fortalecer uma descrença já baseada em outros motivos em vez de criar descrença por sua própria força. Estamos agora chegando a algo muito mais importante e muitas vezes menos plenamente consciente. A doutrina da Segunda Vinda é profundamente incompatível com todo o caráter evolucionário ou desenvolvimentista do pensamento moderno. Fomos ensinados a pensar no mundo como algo que cresce lentamente em direção à perfeição, algo que "progride" ou "evolui". A Apocalíptica Cristã não nos oferece essa esperança. Ela nem mesmo prediz (o que seria mais tolerável para nossos hábitos de pensamento) uma decadência gradual. Ela prediz um súbito e violento fim imposto de fora: um extintor disparado contra uma vela, um tijolo jogado no gramofone, uma cortina descendo sobre a peça — "Parada!"

A última noite do mundo

Para essa objeção profundamente assentada, posso apenas responder que, em minha opinião, a concepção moderna de Progresso ou Evolução (como popularmente imaginada) é simplesmente um mito, apoiada por nenhuma evidência.

Eu digo "evolução, como popularmente imaginada". Não estou nem um pouco preocupado em refutar o darwinismo como um teorema da biologia. Pode haver falhas nesse teorema, mas não tenho nada a ver com elas. Pode haver sinais de que os biólogos já estão contemplando uma retirada de toda a posição darwiniana, mas afirmo não julgar esses sinais. Pode até ser argumentado que o que Darwin realmente registrou não foi a origem, mas a eliminação das espécies, mas não vou prosseguir com esse argumento. Para os fins deste artigo, estou presumindo que a biologia darwiniana está correta. O que quero salientar é a transição ilegítima do teorema darwiniano da biologia para o mito moderno do evolucionismo ou desenvolvimentismo ou progresso em geral.

A primeira coisa a notar é que o mito surgiu antes do teorema, antes de todas as evidências. Duas grandes obras de arte incorporam a ideia de um universo no qual, por alguma necessidade inerente, o "superior" sempre substitui o "inferior". Uma é o *Hyperion*, de Keats,[4] e a outra é *O*

---

[4]John Keats (1795—1821), poeta romântico inglês, escreveu o poema épico *Hyperion*, no qual os Titãs destronaram e castraram o pai e estabeleceram Cronos como rei. São, então, desafiados por Zeus, filho de Cronos. O deus do Sol, Hyperion, é o único Titã ainda não descoberto, a esperança dos demais. Apenas o deus do mar Oceanus defende a resignação diante do enorme poder da próxima geração. [N. T.]

A última noite do mundo

anel de Nibelungo, de Wagner.[5] E ambas são anteriores à *Origem das espécies*. Você não poderia ter uma expressão mais clara da ideia desenvolvimentista ou progressiva do que as palavras de Oceanus:

é a lei eterna

*o que é o primeiro em beleza deveria
ser o primeiro em poder.*

E você não poderia ter uma submissão mais ardente do que aquelas palavras em que Wagner descreve sua tetralogia.

O progresso de todo o poema, portanto [ele escreve a Röckel[6] em 1854], *mostra a necessidade de reconhecer-se e de se submeter à mudança, à diversidade, à multiplicidade e à eterna novidade do Real. Wotan sobe às trágicas alturas de querer sua própria queda. Isso é tudo o que temos para aprender da história do Homem — desejar o Necessário, e nós mesmos para realizá-lo. O trabalho criativo que essa mais elevada e autodestrutiva*

---

[5]O compositor alemão Wilhelm Richard Wagner (1813—1883) escreveu esse ciclo de quatro óperas épicas entre 1848 e 1874, que são adaptações de personagens mitológicos nórdicos. Wotan e Siegfried são dois de seus personagens. [N. T.]

[6]Carl August Röckel (1814—1876), compositor e maestro alemão, amigo de Richard Wagner. [N. T.]

A última noite do mundo

vontade finalmente alcançará é o homem finito, destemido e sempre amoroso, Siegfried.[7]

A ideia de que o mito (tão potente em todo pensamento moderno) é resultado da biologia de Darwin pareceria, portanto, não histórica. Pelo contrário, a atração do darwinismo foi que ele deu a um mito preexistente as garantias científicas necessárias. Se não houvesse evidência de evolução, teria sido necessário inventá-la. As verdadeiras fontes do mito são parcialmente políticas. Ele projeta na tela cósmica sentimentos engendrados pelo período revolucionário.

Em segundo lugar, devemos notar que o darwinismo não apoia a crença de que a seleção natural, trabalhando sobre as variações do acaso, tem uma tendência geral de produzir melhorias. A ilusão que isso apresenta vem de confinar nossa atenção a algumas poucas espécies que

---

[7] *Der Fortgang des ganzen Gedichtes zeigt demnach die Notwendigkeit, den Wechsel, die Mannigfaltigkeit, die Vielheit, die ewige Neuheit der Wirklichkeit und des Lebens anzuerkennen und ihr zu weichen. Wotan schwingt sich bis zu der tragischen Höhe, seinen Untergang zu wollen. Dies ist alles, was wir aus der Geschichte der Menscheit zu lernen haben: das Notwendige zu wollen und selbst zu vollbringen. Das Schöpfungswerk dieses höchsten, selbst vernichtenden Willens ist der endlich gewonnene furchtlose, stets liebende Mensch, Siegfried.*

Uma pesquisa mais completa sobre as origens desse mito poderoso nos levaria aos idealistas alemães e daí (como me foi sugerido), por meio de Boehme, de volta à Alquimia. Toda a visão dialética da história é possivelmente uma projeção gigantesca do velho sonho de que podemos fazer ouro? [N. A.]

A última noite do mundo

(por algum padrão possivelmente arbitrário em relação a nossa própria) mudaram para melhor. Assim, o cavalo aperfeiçoou-se no sentido de que o *protohippos* seria menos útil para nós do que seu descendente moderno. O antropoide aperfeiçoou-se no sentido de que ele agora é Nós mesmos. Mas muitas das mudanças produzidas pela evolução não são aperfeiçoamentos por nenhum padrão concebível. Nas batalhas, os homens salvam a vida às vezes avançando e, às vezes, recuando. Assim, na batalha pela sobrevivência, as espécies se salvam às vezes aumentando, às vezes abandonando seus poderes. Não há uma lei geral de progresso na história biológica.

E, em terceiro lugar, mesmo que houvesse, a conclusão não seria — aliás, evidentemente não é o caso — de que há qualquer lei de progresso na história ética, cultural e social. Ninguém olhando para a história do mundo sem alguma pré-concepção em favor do progresso poderia encontrar nele um gradiente constante. Muitas vezes há progresso dentro de determinado campo durante um período limitado. Uma escola de cerâmica ou de pintura, um esforço moral em uma direção particular, uma arte prática, como saneamento ou construção naval, pode aperfeiçoar-se continuamente ao longo de vários anos. Se esse processo pudesse se espalhar para todos os departamentos da vida e continuar indefinidamente, haveria "Progresso" do tipo em que nossos pais acreditavam. Mas isso nunca parece acontecer. Ou é interrompido (pela irrupção bárbara ou pela infiltração ainda menos resistente do industrialismo moderno) ou, mais misteriosamente, decai. A ideia que

A última noite do mundo

aqui exclui a Segunda Vinda de nossa mente, a ideia de que o mundo amadurece lentamente até a perfeição, é um mito, não uma generalização a partir da experiência. E é um mito que nos distrai de nossos deveres reais e de nosso real interesse. É nossa tentativa de adivinhar o enredo de um drama em que somos os personagens. Mas como os personagens de uma peça podem adivinhar o enredo? Nós não somos o dramaturgo, não somos o produtor, nem mesmo a plateia. Estamos no palco. Para atuar bem, os trechos em que estamos "em cena" nos interessam muito mais do que adivinhar as cenas que se seguem.

No *Rei Lear* (III:vii) há um homem que é um personagem tão secundário que Shakespeare não lhe deu sequer um nome: ele é apenas "Primeiro Servidor". Todos os personagens à sua volta — Regana, Cornualha e Edmundo — têm bons planos de longo prazo. Eles acham que sabem como a história vai acabar, e estão completamente errados. O servidor não tem essas ilusões. Ele não tem noção de como a peça segue. Mas ele entende a cena presente. Ele vê uma abominação (o velho Gloucester ser cegado) acontecendo. Ele não suporta isso. Sua espada está apontada para o peito de seu mestre em um momento; então, Regana o apunhala por trás. Esta é toda a sua participação: oito linhas ao todo. Se fosse a vida real, e não uma peça, essa teria sido a parte em que melhor teria atuado.

A doutrina da Segunda Vinda nos ensina que não sabemos e não podemos saber quando o drama do mundo terminará. A cortina pode descer a qualquer momento: digamos, antes de você terminar de ler este parágrafo. Isso

A última noite do mundo

parece, para algumas pessoas, intoleravelmente frustrante. Tantas coisas seriam interrompidas. Talvez você fosse se casar no próximo mês, talvez você fosse receber um aumento na próxima semana; você pode estar próximo de uma grande descoberta científica; você pode estar amadurecendo grandes reformas sociais e políticas. Certamente, nenhum Deus bom e sábio seria tão irracional a ponto de cortar tudo isso em breve? Não *agora*, entre tantos momentos!

Mas pensamos assim porque continuamos assumindo que conhecemos a peça. Nós não conhecemos a peça. Nós nem sequer sabemos se estamos no ato I ou no ato V. Não sabemos quem são os personagens principais e quem são os secundários. O Autor sabe. O público, se houver um público (se anjos, arcanjos e toda a companhia do céu encherem o poço da orquestra e as primeiras filas), pode ter um pressentimento. Mas nós, nunca vendo a peça do lado de fora, nunca encontrando nenhum personagem exceto a minúscula minoria que está "escalada" para as mesmas cenas que nós, totalmente ignorantes do futuro e muito mal informados sobre o passado, não podemos dizer em que momento o fim deverá vir. Que virá quando for necessário, podemos ter certeza; mas perdemos nosso tempo adivinhando quando isso será. Que isso tenha um significado, podemos ter certeza, mas não podemos vê-lo. Quando acabar, poderemos dizer. Somos levados a esperar que o Autor tenha algo a dizer a cada um de nós sobre o papel que cada um de nós desempenhou. Atuar bem é o que infinitamente importa.

A última noite do mundo

A doutrina da Segunda Vinda, portanto, não deve ser rejeitada porque conflita com nossa mitologia moderna favorita. Deve ser, por isso mesmo, ainda mais valorizada e mais frequentemente ser tema de meditação. É o remédio que nossa condição especialmente precisa.

E com isso, volto para o aspecto prático. Há uma dificuldade real em dar a essa doutrina o lugar que ela deveria ter em nossa vida cristã sem, ao mesmo tempo, correr certo risco. O medo desse risco provavelmente impede muitos professores que aceitam a doutrina de falar muito sobre ela.

Devemos admitir imediatamente que essa doutrina, no passado, levou os cristãos a tolices muito grandes. Aparentemente, muitas pessoas acham difícil crer nesse grande evento sem tentar adivinhar sua data, ou mesmo sem aceitar como certeza a data que qualquer charlatão ou histérico lhes oferece. Escrever uma história de todas essas previsões reprovadas requereria um livro e que livro triste, sórdido e trágico ele seria. Uma dessas previsões estava circulando quando Paulo escreveu sua segunda carta aos tessalonicenses. Alguém lhes disse que "o dia" já havia "chegado". Aparentemente, gerou o resultado que tais previsões costumam gerar: as pessoas estavam ociosas e se portando como intrometidas. Uma das previsões mais famosas foi a do pobre William Miller em 1843. Miller (que considero ser um fanático honesto) datou a Segunda Vinda em ano, dia e até minuto. Um cometa oportuno fomentou a ilusão. Milhares esperaram pelo Senhor à meia-noite de 21 de março e foram para casa

A última noite do mundo

para um café da manhã tardio no dia 22, seguido pelas vaias de um bêbado.

Claramente, ninguém deseja dizer algo que desperte essa histeria em massa. Nunca devemos falar com pessoas simples e voláteis sobre "o Dia" sem enfatizar repetidas vezes a total impossibilidade de predição. Devemos tentar mostrar-lhes que essa impossibilidade é parte essencial da doutrina. Se você não crê nas palavras de nosso Senhor, por que você crê em seu retorno? E, se você crê nelas, não deveria deixar de lado, completamente e para sempre, qualquer esperança de datar esse retorno? O ensinamento do Senhor sobre o assunto consistia claramente em três proposições: (1) que ele certamente retornaria; (2) que não podemos descobrir quando; (3) e que, portanto, devemos estar sempre prontos para ele.

Observe o *portanto*. Precisamente porque não podemos predizer o momento, devemos estar prontos em todos os momentos. Nosso Senhor repetiu essa conclusão prática vez após vez, como se a promessa do Retorno tivesse sido feita apenas com vistas a essa conclusão. "Vigie, vigie" é o encargo de seu conselho. "Eu devo vir como um ladrão. Você não vai, eu mais do que solenemente garanto que você não vai notar minha aproximação. Se o dono da casa soubesse a que horas o ladrão chegaria, estaria pronto para ele. Se o serviçal soubesse quando seu empregador ausente voltaria para casa, ele não teria sido encontrado bêbado na cozinha. Mas eles não sabiam. Nem você saberá. Portanto, você deve estar pronto em todos os momentos."

A última noite do mundo

A ênfase é certamente bastante simples. O estudante não sabe qual parte de sua lição sobre Virgílio ele terá de traduzir: é por isso que ele deve estar preparado para traduzir *qualquer* passagem. O sentinela não sabe a que horas um inimigo atacará, ou que um oficial inspecionará seu posto: é por isso que ele deve ficar acordado *todo* o tempo. O Retorno é totalmente imprevisível. Haverá guerras e rumores de guerras e todo tipo de catástrofes, como sempre houve. As coisas serão, nesse sentido, normais na hora que precederá os céus se enrolarem como um pergaminho. Você não tem como adivinhar. Se você pudesse, um propósito principal para o qual foi previsto seria frustrado. E os propósitos de Deus não são tão facilmente frustrados assim. Os ouvidos devem ser fechados com antecedência contra qualquer futuro William Miller. A loucura de ouvi-lo é quase igual à loucura de acreditar nele. Ele *não* podia saber que fingia, ou pensava, saber.

Sobre essa loucura, George MacDonald[8] escreveu bem: "Aqueles", pergunta ele, "que dizem: 'Eis aqui ou eis ali sinais de sua vinda', pensam estar ansiosos demais por ele e investigam sua aproximação? Quando ele lhes diz para vigiar a fim de que não os ache negligenciando seu trabalho, eles olham de um lado para o outro, e vigiam para que

---

[8]George MacDonald (1824—1905), poeta e pastor escocês. Seus contos de fada e romances de fantasia influenciaram grandemente C. S. Lewis e J. R. R. Tolkien. A citação abreviada é do capítulo "The Words of Jesus on Prayer" [As palavras de Jesus sobre oração], a respeito de Lucas 18:1, do livro *Unspoken Sermons II* [Sermões não pregados II]. [N. T.]

A última noite do mundo

ele não tenha sucesso em vir como um ladrão! Obediência é a chave da vida".

A doutrina da Segunda Vinda terá fracassado, no que nos diz respeito, se não nos fizer perceber que a cada momento de cada ano em nossa vida a pergunta de Donne[9] — "E se a presente fosse a última noite do mundo?" — é igualmente relevante.

Às vezes, essa questão tem sido incutida em nossa mente com o propósito de provocar medo. Eu não acho que esse seja seu uso correto. Estou, de fato, longe de concordar com aqueles que consideram todos os temores religiosos bárbaros e degradantes e exigem que sejam banidos da vida espiritual. "O perfeito amor", nós sabemos, "expulsa o medo". Mas o mesmo acontece com várias outras coisas: ignorância, álcool, paixão, presunção e estupidez. É muito desejável que todos nós avancemos para aquela perfeição de amor na qual não mais tememos; mas é muito indesejável, até chegarmos a esse estágio, que permitamos que qualquer agente inferior expulse nosso medo. A objeção a qualquer tentativa de perpétua apreensão sobre a Segunda Vinda é, a meu ver, bem diferente: a saber, que certamente não será bem-sucedida. O medo é uma emoção, e é praticamente impossível — até mesmo fisicamente impossível — manter qualquer emoção por muito tempo. Uma empolgação perpétua de esperança

---

[9] John Mayra Donne (1572—1631), poeta metafísico e clérigo anglicano inglês. A citação é de *Holy Sonnet XIII* [Soneto santo XIII], primeira linha. [N. T.]

A última noite do mundo

sobre a Segunda Vinda é impossível pela mesma razão. A sensação de crise de qualquer tipo é essencialmente transitória. Os sentimentos vêm e vão, e, quando vêm, pode-se fazer um bom uso deles — eles não podem ser nossa dieta espiritual regular.

O importante não é que devemos sempre temer (ou esperar) o Fim, mas que devemos sempre nos lembrar dele, sempre levá-lo em conta. Uma analogia sobre isso pode ajudar. Um homem de setenta anos não precisa estar sempre sentindo (muito menos falando) sobre a morte que se aproxima, mas um homem sábio de setenta deve sempre levar isso em consideração. Ele seria insensato se embarcasse em esquemas que pressupõem mais vinte anos de vida; ele seria criminalmente tolo se não fizesse — de fato, não ter feito há muito tempo — seu testamento. Agora, o que a morte é para cada homem, a Segunda Vinda é para toda a raça humana. Todos nós acreditamos, suponho, que um homem deve "estar à vontade" em relação à própria vida, deve lembrar-se de quão curta, precária, temporária e provisória ela é; nunca deve dar todo o coração a qualquer coisa que termine quando sua vida terminar. O que os cristãos modernos acham mais difícil lembrar é que toda a vida da humanidade neste mundo também é precária, temporária, provisória.

Qualquer moralista dirá a você que o triunfo pessoal de um atleta ou de uma garota em um baile é transitório — o ponto é lembrar que um império ou uma civilização também são transitórios. Todos os triunfos e conquistas, na medida em que são meramente conquistas e triunfos

A última noite do mundo

desse mundo, serão nada no final. Aqui, a maioria dos cientistas se junta aos teólogos: a Terra nem sempre será habitável. O homem, embora tenha uma vida mais longa que os homens, é igualmente mortal. A diferença é que, enquanto os cientistas esperam apenas uma lenta decadência a partir de dentro, nós contamos com uma interrupção súbita de fora — a qualquer momento. ("E se a presente fosse a última noite do mundo?")

Tomadas por si mesmas, essas considerações podem parecer um abrandamento de nossos esforços para o bem da posteridade, porém, se nos lembrarmos de que o que pode vir sobre nós a qualquer momento não é meramente um Fim, mas um Julgamento, elas não devem produzir esse resultado. Elas podem, e devem, corrigir a tendência de alguns modernos de falar como se deveres com a posteridade fossem os únicos deveres que tínhamos. Não posso imaginar nenhum homem que olhe com mais horror para o Fim do que um revolucionário consciencioso que, sinceramente, justificou crueldades e injustiças infligidas a milhões de seus contemporâneos pelos benefícios que ele espera conferir às gerações futuras, gerações que, como um momento terrível agora revela a ele, nunca existirão. Então, ele verá os massacres, os julgamentos falsos, as deportações, todos inefavelmente reais, como uma parte essencial, sua parte, no drama que acaba de terminar, enquanto a futura Utopia nunca foi nada além de uma fantasia.

A administração frenética de panaceias para o mundo é certamente desencorajada pela reflexão de que "a noite

A última noite do mundo

presente" pode ser "a última noite do mundo"; o trabalho sóbrio para o futuro, dentro dos limites da moralidade e da prudência ordinárias, não é. Pois o que vem é o Juízo: felizes são aqueles que ele encontrar trabalhando em suas vocações, quer estivesse apenas saindo para alimentar os porcos ou mesmo preparando bons planos para livrar a humanidade daqui a cem anos de algum grande mal. A cortina de fato agora desceu. Esses porcos nunca serão, de fato, alimentados; a grande campanha contra a Escravidão Branca ou a Tirania Governamental nunca chegará à vitória. Não importa; você estava no seu posto quando a Inspeção chegou.

Nossos ancestrais tinham o hábito de usar a palavra "julgamento", ou "juízo", nesse contexto como se significasse simplesmente "punição, castigo"; daí a expressão popular: "É um julgamento sobre ele". Acredito que às vezes podemos tornar a coisa mais viva para nós mesmos por tomar juízo em um sentido mais estrito: não como a sentença ou prêmio, mas como o Veredito. Algum dia ("E se a presente fosse a última noite do mundo?"), um veredito absolutamente correto — se você quiser, uma crítica perfeita — será dado ao que cada um de nós é.

Todos nós encontramos julgamentos ou veredittos a respeito de nós mesmos nesta vida. De vez em quando, descobrimos o que nossos semelhantes realmente pensam de nós. Não quero dizer, é claro, o que eles nos dizem diante de nós (ao que geralmente temos de dar um desconto). Estou pensando no que às vezes ouvimos por acaso ou nas opiniões sobre nós que nossos vizinhos, funcionários ou

A última noite do mundo

subordinados revelam inconscientemente em suas ações, e nos terríveis, ou adoráveis, julgamentos traídos por crianças ou mesmo animais. Essas descobertas podem ser as experiências mais amargas ou as mais doces que temos. Mas é claro que tanto o amargo quanto o doce são limitados por nossa dúvida quanto à sabedoria daqueles que julgam. Sempre esperamos que aqueles que tão claramente nos consideram covardes ou valentões sejam ignorantes e maliciosos; nós sempre tememos que aqueles que confiam em nós ou nos admiram sejam enganados pela parcialidade. Suponho que a experiência do Juízo Final (que pode irromper a qualquer momento) será como essas pequenas experiências, mas elevada à enésima potência.

Pois será um julgamento inevitável. Se for favorável, não teremos medo; se desfavorável, sem esperança de que esteja errado. Nós não apenas acreditaremos, nós saberemos, saberemos além de qualquer dúvida em cada fibra de nosso apavorado ou deleitado ser, que, como o Juiz disse, assim nós somos: nem mais nem menos nem outro. Talvez nos apercebamos que, de alguma forma obscura, poderíamos ter sabido isso o tempo todo. Nós saberemos e toda a criação também saberá: nossos ancestrais, nossos pais, nosso cônjuge, nossos filhos. A verdade irrefutável e (até então) evidente sobre cada um deles será conhecida de todos.

Não acho que imagens de catástrofe física — aquele sinal nas nuvens, aqueles céus enrolados como um pergaminho — ajudem tanto quanto a ideia nua de julgamento. Nem sempre podemos estar empolgados. Podemos, talvez,

A última noite do mundo

treinar-nos para perguntar cada vez mais frequentemente como aquilo que estamos dizendo ou fazendo (ou deixando de fazer) a cada momento parecerá quando a luz irresistível fluir sobre ela; aquela luz que é tão diferente da luz deste mundo — e, no entanto, mesmo agora, conhecemos apenas o suficiente dela para levá-la em conta. As mulheres às vezes têm o problema de tentar julgar sob luz artificial como um vestido ficará à luz do dia. Isso é muito parecido com o problema de todos nós: vestir nossa alma não para as luzes elétricas do mundo atual, mas para a luz do dia do vindouro. O bom vestido é aquele que enfrentará essa luz, pois essa luz durará mais.

A última *noite* do *mundo*

Outros livros de C. S. Lewis pela Thomas Nelson Brasil

A abolição do homem
Cartas de um diabo a seu aprendiz
Cristianismo puro e simples
Deus no banco dos réus
Os quatro amores
O peso da glória
Sobre histórias